Civilisation latine par les textes

Collection dirigée par Annette Flobert

Par les routes et par les mers

Joël Brulé

Agrégé de Grammaire

ellipses

Dans la même collection

Des hommes et des dieux par Joël Brulé
Par les routes et par les mers par Joël Brulé
Rome et les barbares par Lucien Sigayret
La grandeur de Rome par Annette Flobert
La ville et la campagne par Annette Flobert

… et dans la collection « Civilisation grecque par les textes »

Le rire chez les Grecs par Danielle Jouanna
Mythes et merveilleux chez les Grecs par Danielle Jouanna
L'aventure par Michèle Giraudeau
Le loisir par Mireille Maffre
En famille par Évelyn Girard

caretque
ripa vagis taciturna ventis

Horace

et sans les vents volages
la rive n'est que silence

ISBN 2-7298-0067-0

Sommaire

Introduction

Les voies romaines n'ont pas usurpé leur réputation : elles manifestent en effet de façon éclatante le génie du peuple qui les construisit, donnant une preuve tangible de ses talents d'ingénieur et de sa capacité d'organisation. Les réalités que l'on découvre en suivant les Romains dans leurs déplacements sont par comparaison plus modestes ou plus quotidiennes. Elles ne sont cependant pas moins riches d'enseignements.

1. LE PARADOXE ROMAIN

Il est étrange de constater que ces bâtisseurs d'empire étaient au fond plutôt sédentaires, et même casaniers. À la différence des Grecs qui partageaient l'humeur aventureuse d'Ulysse, ils n'aimaient guère en effet quitter trop longtemps leur patrie. Même à l'époque impériale on retrouve en eux les descendants de ces paysans du Latium qui ne s'éloignaient de leur terre qu'à l'occasion du marché où ils se rendaient tous les huit jours (*nundinae*). Encore cette possibilité d'élargir l'horizon quotidien n'était-elle pas offerte à tout le monde. Elle était réservée au *paterfamilias* qui profitait de l'occasion pour régler ses affaires.

Car il ne s'agissait pas de se promener pour le plaisir, sauf à vouloir être soupçonné de se soustraire à ses devoirs. Celui qui s'écartait trop longtemps de ses champs s'exposait à la réprobation que l'on trouve chez Caton : bien que sa carrière l'eût conduit à découvrir de ses propres yeux le bassin méditerranéen, ce dernier associait en effet encore à la paresse le fait de quitter son domaine. « *Vilicus ne sit ambulator* » (*De agricultura*, 7) : pas question pour lui d'engager un fermier qui coure les chemins !

S'ajoutaient à ce jugement moral des préjugés d'ordre religieux. Les déplacements étaient originellement frappés de divers tabous. Ainsi le prêtre du plus important des dieux, le flamine de Jupiter, n'était pas libre de dormir hors de chez lui plus de trois nuits d'affilée ; les pieds de son lit étaient en outre enduits de glaise, comme signe de son enracinement. Du fait de la localisation des cultes et des divinités on répugnait en effet à partir, au risque de rompre le lien qui vous unissait au sacré.

Ces craintes diffuses se focalisaient dans la hantise de rester sans sépulture. L'idée de mourir au loin et d'être pour ainsi dire définitivement déraciné inspira toujours aux Romains une véritable terreur. D'où leur sentiment de recul face à la mer. Non seulement l'élément liquide n'avait rien pour séduire ces hommes amoureux de leur terroir : il représentait surtout à leurs yeux la menace du plus horrible des destins.

Le voyageur se rassurait alors en s'entourant de rites et de superstitions. Si votre pied heurtait la porte, ou que vous trébuchiez, mieux valait remettre votre départ. Pour être sûr de retrouver votre maison et de revenir à bon port, vous pouviez prier *Portumnus*, habile à contrarier les caprices de Neptune ; ou Neptune lui-même, mais en prenant bien soin de l'appeler *Redux* (« qui fait revenir ») ; ou *Fortuna* en personne, qui ne refuse son secours ni à l'empereur, ni au simple particulier. Suétone rapporte qu'Auguste, qui jamais ne se serait mis en route le lendemain des *nundinae*, voyait dans la rosée le présage d'un heureux trajet.

La conquête progressive de l'Italie et de la Méditerranée mena évidemment bien loin de leurs foyers les paysans du Latium. Jamais cependant les Romains ne se départirent véritablement des scrupules qu'éprouvaient leurs ancêtres à abandonner leur sol.

2. Les voyageurs

C'est la nécessité qui les incita, sous le double visage du commerce et de la guerre, à découvrir des paysages nouveaux. Parmi les voyageurs, soldats et négociants furent les plus déterminés, et ce sont souvent eux qui poussèrent le plus loin. Mais ils restent assez mal connus, noyés dans l'anonymat de leur humble condition.

Les premiers ont laissé peu de témoignages et on les connaît principalement à travers le regard de leurs chefs. On ne sait donc pas comment le légionnaire voyait les régions qu'il traversait. Mais une fois rentré chez lui il ne devait pas être avare de ses récits. Il nous reste d'ailleurs un type littéraire, que l'on trouve par exemple chez Plaute : le militaire qui a vu du pays et qui le fait savoir, à l'image de Pyrgopolynice (Quiaprisdestasdevilles), le protagoniste du *Miles gloriosus* (*Le Soldat fanfaron*).

Quant aux seconds, éternels rivaux des marchands grecs et phéniciens, ils ne parvinrent jamais à s'imposer face à cette concurrence. Leur extrême mobilité les condamnait en outre à la marginalité, et ils n'étaient pas considérés par une société qui n'avait que mépris pour la fortune mobilière. Mais il ne faudrait pas sous-estimer le poids de leur activité ni méconnaître l'importance de leurs voyages. La *via Salaria* (« la route du sel »), qui reliait Rome à l'Adriatique avant même le début de la République, ne faisait que préfigurer les routes terrestres ou maritimes de l'Empire à son apogée. À cette époque les marchandises affluaient de toutes les provinces, sans compter les échanges avec le nord de l'Europe, l'Afrique noire, l'Arabie, l'Inde et même la Chine.

Si la grande masse des voyageurs reste ainsi dans l'ombre, nous avons en revanche plus de détails sur les déplacements officiels qui accompagnèrent la conquête, et que l'on vit proliférer à partir d'Auguste. Les premiers légats en Grèce et en Orient, au second siècle avant notre ère, imposèrent un type d'ambassade où les plénipotentiaires de Rome s'entouraient du décorum convenant à la puissance de la Ville. Avant tout stratégiques et diplomatiques ces voyages présentaient aussi un aspect culturel et même religieux. Par la suite l'administration des provinces imposa un ballet incessant aux grands commis de l'État, tandis que les empereurs faisaient de leurs tournées un élément important de leur politique.

La mobilité de ces hommes nous surprend. Que dire de César qui passe d'Espagne en Gaule, de Grèce en Égypte, d'Italie en Orient..., rendant proverbiale la *celeritas Caesariana* (« rapidité césarienne ») ? Que dire de l'empereur Hadrien, « l'explorateur de toutes les curiosités », qui au cours des vingt ans de son règne (117-138) parcourut à plusieurs reprises le bassin méditerranéen, tant pour apprendre que pour gouverner ? Malgré la difficulté des transports, il n'était pas concevable qu'un membre de l'élite pût rester sédentaire.

On trouvait enfin sur les routes de l'Empire des populations mêlées : des saltimbanques que leur métier condamnait à l'errance ; des pèlerins et des gourous ; des médecins qui passaient de ville en ville pour se former, et pour faire carrière ; des malades partant prendre les eaux ; des intellectuels et des philosophes avides de connaître ou d'être connus…

Ajoutons à cette liste ceux qui avaient le loisir et les moyens de voyager pour leur plaisir, désireux de découvrir d'autres peuples et d'autres cieux. À l'époque de Sénèque, certaines destinations étaient déjà fameuses, comme la Sicile et Syracuse, Antioche la syrienne, « perle de l'Orient », et l'Égypte « terre de mystères et de merveilles ».

3. En voyage

Les trajets s'effectuaient dans des conditions qu'on ne peut se représenter qu'avec un effort d'imagination.

Tout d'abord il ne fallait pas compter se soustraire aux caprices du ciel. Le voyage d'hiver était ainsi considéré comme une malédiction. À la mauvaise saison, la navigation était officiellement fermée (*mare clausum*, du 11 novembre au 10 avril). Sur terre le trafic s'interrompait pratiquement car les chemins, transformés en fondrières, devenaient pour la plupart impraticables. On ne passait plus à gué. Les cours d'eau, qui n'étaient pas encore domestiqués, s'étalaient à leur aise et coupaient les routes. C'est pourquoi l'on était contraint à l'hivernage, dont les comptes rendus de César égrènent le retour monotone. Le reste de l'année, le voyageur n'échappait ni aux pluies, ni aux crues soudaines, ni à l'ardeur du soleil…

La lenteur des déplacements faisait par ailleurs que l'on comptait en jours, en semaines ou en mois. Il fallait par exemple une quinzaine pour parcourir les cinq cents kilomètres séparant Rome de Brindes. Et Horace, qui évoque cette route dans une de ses satires, note au sujet de l'une des étapes, longue de quarante kilomètres : « Ceux qui relèvent plus haut leur tunique la font d'une traite, mais notre paresse l'a coupée en deux. » La notion du temps était certes différente à cette époque, et il faut relativiser la durée de ces trajets. Mais la fatigue, la routine et l'ennui étaient souvent le lot du voyageur.

Il s'exposait de plus à de réels dangers. Il fallait bien qu'il se contente de la nourriture et de l'eau qu'il trouvait en cours de route. S'ensuivaient trop souvent troubles et maladies. Mieux valait alors se fier à sa chance ou à sa résistance plutôt que de compter sur les soins d'un hypothétique médecin. En cas de blessure, lorsque votre véhicule versait ou que vous tombiez de cheval, la situation était encore plus critique.

Mais le risque principal tenait à l'insécurité. Juvénal a beau dire *Cantabit vacuus coram latrone viator* (« Le voyageur aux poches vides chantera au nez du voleur », *Satire* X), l'homme de passage était une proie de choix pour les pirates et les brigands. Faute d'un système bancaire élaboré, il était en effet obligé de transporter avec lui des sommes assez conséquentes : de quoi subvenir aux frais de la route (*viaticum*), de quoi faire ses affaires, s'il était commerçant. Ainsi le détroussage était une industrie florissante et il n'était pas rare de devoir abandonner la bourse et la vie.

Circuler était donc une affaire assez rude que venaient heureusement agrémenter le plaisir des rencontres, — car l'on se regroupait volontiers —, et le spectacle d'une nature dans laquelle on se trouvait véritablement plongé.

4. Sur terre et sur mer

a) *Terra...*

Dès la fin de la République la péninsule italienne était couverte d'un réseau routier dense et régulier que l'on peut retrouver à une échelle évidemment différente sur une carte de l'Empire. C'est que de longue date les Romains avaient privilégié ces voies pour des raisons stratégiques et politiques autant que pour des motifs économiques. Les légions pouvaient en effet y circuler sans retard. Leur développement accompagnant l'expansion romaine, elles étaient en outre un instrument délibéré de l'organisation des territoires conquis. À partir d'Auguste elles devinrent le symbole de la stabilité et de la puissance du régime impérial.

Les procédés de construction avaient fait l'objet d'une normalisation dès le second siècle avant J.-C. Sur l'assise maçonnée (*statumen*) on disposait successivement le noyau (*nucleus*) fait de pierres noyées dans du ciment, et un rembourrage (*rudus*) de cailloux et de gravier, sur lequel venait s'appliquer le revêtement (*dorsum*, ou *summa crusta*) de béton ou de pavés polygonaux (*lithostrotum*). Les bas-côtés (*limes*, ou *margo*) étaient réservés aux piétons. Le profil convexe de ces ouvrages permettait l'écoulement des eaux. Leur largeur était fonction de leur importance : elle pouvait aller jusqu'à dix mètres, mais la moyenne était de trois ou quatre mètres seulement.

Ces techniques éprouvées ont assuré la pérennité des voies romaines, dont de nombreux vestiges restent encore visibles. La *via Appia*, construite au quatrième siècle avant J.-C. entre Rome et Capoue, montre ainsi toujours aux portes de la capitale la perfection de son pavage. Le caractère emblématique de ces réalisations ne doit cependant pas nous conduire à les idéaliser. On s'imagine parfois des routes uniformément rectilignes : il est vrai que c'était souvent l'option la plus directe qui était retenue, en dépit des contraintes naturelles. Mais c'est tout de même la géographie qui avait le dernier mot. De la même façon les quatre couches des routes les plus soignées se réduisaient souvent à l'emploi de pierre et de sable. Enfin leur mérite n'allait pas jusqu'à garantir le confort du voyageur que les trajets laissaient éreinté.

On circulait parfois à pied, le plus souvent avec un cheval ou une mule, ou en voiture attelée. En l'absence de transports publics des entreprises florissantes proposaient au Romain moyen la location de véhicules : il pouvait choisir une voiture à deux roues (*carpentum*, *essedum*), ou une voiture plus lente à quatre roues (*raeda*). Il s'agissait à vrai dire dans ce cas d'un chariot que l'on faisait rouler au pas et que l'on garnissait de matelas pour compenser l'absence de suspension. Quant à l'usage de la litière (*lectica*), c'était un privilège de riches, et il était réservé aux courtes distances.

Pour l'hébergement l'homme du commun emportait de quoi camper, ou descendait dans divers établissements qui partageaient également une réputation peu flatteuse. Haltes (*deversorium*), gîtes (*stabulum*) et auberges (*caupona*) se signalaient par un confort et un service plus que sommaires, sans compter qu'on les considérait comme des lieux mal famés. C'est pourquoi ceux qui le pouvaient recouraient à l'hospitalité amicale qui faisait partie des mœurs de la bonne société : vous étiez alors reçu dans la villa d'une de vos relations, où vous attendaient un bain qui vous faisait oublier la poussière ou la boue de l'étape, et un menu digne de ce nom. Quant aux fonctionnaires et à tous ceux qui se déplaçaient pour le service de l'État, c'était le devoir des cités de les accueillir. Quand Auguste créa la poste impériale (*cursus publicus*) ils purent profiter des relais (*mutatio*) et des services de cette institution.

b) *marique*

Le développement du réseau routier s'accompagna d'un essor du trafic maritime. Les préventions des Romains ne pouvaient en effet résister aux avantages de la navigation : pour un pays situé au centre du bassin méditerranéen la mer était à l'évidence dans bien des cas la voie la plus directe et la plus rapide.

On ne trouvait pas cependant de bateaux réservés aux passagers. Il fallait embarquer sur les navires marchands après s'être entendu sur les conditions avec le patron. Comme il n'y avait pas non plus de lignes régulières, on ne pouvait éviter de nombreux transbordements, avec les pertes de temps qui en découlaient.

À bord, les aménagements se réduisaient à la plus simple expression. Une toile à l'arrière servait d'abri quand on n'avait pas la chance d'obtenir une cabine (*diaeta*). Le prix de la traversée (*naulum*) ne comprenait en général que la fourniture de l'eau. On faisait donc le plus souvent soi-même sa cuisine. Mais la convivialité qui régnait sur ces bâtiments contrebalançait heureusement cette absence de confort, et permettait en outre de tuer le temps.

Les techniques de navigation étaient en effet plutôt rudimentaires : le peu d'efficacité des voiles et du gouvernail contraignait les matelots à se plier au bon vouloir des vents. Quand les éléments de déchaînaient on allégeait le bateau en jetant son contenu par-dessus bord (*jactura*). Une réglementation précisait d'ailleurs dans quel ordre cela devait se faire, avec les indemnisations à prévoir. Dans ces conditions la fréquence des naufrages n'a rien de surprenant, surtout lors des violentes tempêtes d'équinoxe. Parmi d'autres témoignages on trouve celui de Saint Paul qui à lui seul connut trois fois cette mésaventure !

Les méfaits des hommes aggravèrent longtemps ces périls. Dans certaines contrées des naufrageurs attiraient les navires sur les rochers afin de piller les épaves. Et la piraterie fut des siècles durant un mal endémique. La prédation était pour les populations de Crète et d'Asie mineure une forme de l'économie, comme les razzias pour les nomades du désert. Aussi ces pratiques furent-elles particulièrement difficiles à éliminer, et ce fut pour Pompée un titre de gloire que d'en être venu à bout. La flotte impériale assura par la suite la police de la Méditerranée que les Romains purent dès lors à bon droit appeler *mare nostrum*.

Les Romains voyageaient donc dans des conditions qui nous paraîtraient aujourd'hui bien sévères, et l'on serait dans l'erreur si l'on imaginait qu'ils pouvaient se soustraire dans ce domaine aux contraintes qu'impose la nature. Les techniques de l'époque ne le leur permettaient pas. Leur mérite est ailleurs : il fut de comprendre que la puissance passe par la maîtrise de l'espace, et de mettre leur opiniâtreté au service de cette politique.

Notices biographiques

Cicéron

(106-43)

Qu'un Romain de bonne famille ambitionnât de participer aux affaires publiques était dans l'ordre des choses. Si de plus il maîtrisait l'art de la parole, il était assuré d'arriver au premier plan. Tel fut le destin de Marcus Tullius Cicero.

Issu du milieu équestre, il montra très jeune des qualités qui le conduisirent naturellement au métier d'avocat et à la carrière politique. Des études à Rome et à Athènes lui permirent d'acquérir, outre les compétences techniques nécessaires, des connaissances étendues et une culture très vaste, qui ne négligeait ni la poésie ni la philosophie. Ses premiers plaidoyers établirent solidement sa réputation, et le lancèrent dans la carrière des honneurs. À l'époque du discours qu'il prononça contre Verrès, gouverneur corrompu de Sicile (70), il était devenu le premier orateur de la Ville.

Mais la période était troublée : l'instabilité sociale et politique favorisait les ambitions ; la noblesse s'opposait au parti populaire suivant des stratégies compliquées. Élu consul (63) pour assurer l'ordre dans l'État, Cicéron s'illustra en écrasant la conjuration populiste de Catilina. Mais incapable de mesurer la portée de son succès, il fut tenu à l'écart de l'alliance conclue en 60 entre Pompée, César et Crassus (premier triumvirat). Exilé en 58 pour avoir fait illégalement exécuter les complices de Catilina, relégué en Cilicie (51), il devint le spectateur impuissant des événements. Après l'assassinat de César (44), il crut pouvoir revenir aux affaires, et prononça contre Antoine, qui tentait de succéder au dictateur, des discours virulents (les *Philippiques*). Ils lui valurent d'être proscrit et exécuté (43).

Pour Cicéron, l'art de l'orateur est essentiellement au service de l'action. C'est l'instrument qui permet de gagner les procès, d'infléchir l'opinion, d'emporter la décision. Sur un total de cent vingt discours une soixantaine a été conservée, dans le domaine politique comme dans le domaine judiciaire : ils font ressortir avec éclat l'efficacité de sa démarche.

Sa pratique s'accompagna d'une réflexion approfondie sur la nature de l'éloquence, sur les qualités et la formation de ceux qui la pratiquent (*De oratore*, *Brutus*, *De optimo genere oratorum*) : s'il est vrai que leur but ultime est d'agir sur les esprits, ils ne peuvent se contenter de parfaire leur technique ; ils doivent encore enrichir à la fois leur connaissance de l'homme et leur propre personnalité.

Durant les périodes de loisirs forcés auxquels le condamnèrent les circonstances de la vie publique, l'orateur se consacra à la philosophie et publia plusieurs traités qui touchent aux sciences politiques (*De republica*, *De legibus*), à la psychologie (*De amicitia*, *De senectute*), à la morale (*De finibus bonorum et malorum*, *De officiis* et les *Tusculanes*, où il s'intéresse au bonheur). Ses conceptions religieuses (*De natura deorum*, *De divinatione*) se caractérisent par un scepticisme tempéré : il admet l'existence d'une providence divine, et trouve sage de conserver les pratiques et les rites traditionnels.

Cette œuvre considérable est complétée par une correspondance abondante qui nous fait connaître les péripéties de la vie de Cicéron et qui nous permet de le suivre dans ses déplacements continuels. Écrites au gré des circonstances ces lettres saisissent le personnage sur le vif et nous donnent le moyen de mieux apprécier la richesse humaine qui nourrit l'ensemble de sa création.

César

(101-44)

La vie de Caius Julius Caesar est contemporaine des crises qui menèrent la République à sa perte. Bien que descendant de la *gens Julia*, une famille patricienne qui prétendait remonter jusqu'à Iule, fils d'Énée, il eut l'intelligence de comprendre que l'ancien régime ne pourrait survivre indéfiniment aux transformations du monde romain, et il n'hésita pas à se lier avec le parti populaire. Son premier mariage lui valut ainsi l'hostilité de Sylla, champion de l'aristocratie et vainqueur de la première guerre civile.

À la mort de ce dernier, tandis que grandissait l'étoile de Pompée, César entreprit de tisser sa toile : gravissant patiemment les échelons du *cursus honorum*, il travaillait à la fois à affaiblir le régime et à contrecarrer ses rivaux potentiels. Les positions ainsi acquises lui permirent de prendre part au premier triumvirat (60). On désigne par ce nom l'alliance de trois ambitieux décidés à s'unir contre le sénat : Pompée au faîte de sa gloire, le richissime Crassus et César lui-même.

Son pouvoir devint dès lors chaque jour plus manifeste. Consul en 59, il en profita pour régler à sa guise les affaires de l'État, et pour se faire attribuer le gouvernement des Gaules, qui promettait plus que tout autre la richesse et les honneurs. Au cours des neuf années de la conquête il s'assura en outre le concours d'une armée incomparable.

Cet instrument lui permit de s'opposer à Pompée à qui le sénat, devant l'anarchie grandissante, avait confié le sort de la nation, et qui exigeait que son ancien allié rentre à Rome comme un simple particulier. Loin de s'incliner César engagea la seconde guerre civile en franchissant le Rubicon avec ses troupes (décembre 50).

Il poursuivit son rival en Thessalie et écrasa son armée à Pharsale (48). Pompée s'enfuit alors en Égypte où les ministres du roi Ptolémée le firent assassiner. Mais la plupart des provinces restaient aux mains de ses lieutenants. César mit trois ans pour établir son autorité tour à tour sur l'Orient, sur l'Afrique et sur l'Espagne.

La guerre civile achevée il accumulait sur sa tête tant d'honneurs qu'il ne lui manquait plus que la couronne. Mais les Romains répugnaient à l'idée de la monarchie. Le jour des ides de mars 44, il fut poignardé en plein sénat par un groupe de républicains conjurés autour de Brutus et de Cassius.

César consacra à la littérature une partie de cette vie déjà si remplie. Mais il ne s'agissait pas pour lui de cultiver la muse : les lettres étaient dans son esprit un moyen supplémentaire de servir son ambition. S'il écrivit une tragédie (*Œdipe*), s'il chanta Hercule ou le voyage qui, après tant d'autres, l'emmenait en Espagne défaire les derniers Pompéiens, s'il rédigea un pamphlet contre Caton d'Utique et même un traité de grammaire (*Sur l'Analogie*), c'est qu'il savait le prestige que son siècle accordait à la culture. Et l'essentiel de son œuvre visait à soutenir son action : ses discours évidemment, et ses *Commentarii* (sept livres sur la guerre des Gaules, trois sur la guerre civile) où, tout en se gardant d'une propagande trop visible, il fait de l'histoire l'auxiliaire de ses desseins.

Seuls ces *Commentaires* nous sont parvenus. Leur style valut à leur auteur les éloges unanimes de ses contemporains. Par sa sobriété, sa précision et son aisance il nous permet encore d'apprécier dans l'écrivain l'intelligence décisive et raffinée qui assura les succès du politique et les triomphes du militaire.

Virgile

(71-19 av. J.-C.)

Originaire de la région de Mantoue, en Gaule Cisalpine, Publius Vergilius Maro garda de son enfance un amour profond de la nature. Il passa en effet ses premières années dans la campagne environnant le petit domaine familial. Ses études le conduisirent ensuite à Crémone, puis à Milan et à Rome. Mais ce provincial n'avait pas de disposition particulière pour l'éloquence, et sa santé trop frêle lui interdisait de pratiquer l'art oratoire. Il put donc suivre sa pente, et se tourner vers la poésie.

Il se mit à fréquenter les milieux littéraires de la capitale. Quelques poèmes de jeunesse, d'authenticité douteuse, nous donnent une idée de l'état d'esprit raffiné qui était alors en vogue. De retour en Cisalpine (44), il s'intégra au cercle du gouverneur Pollion. C'est là qu'il se révéla, en faisant paraître ses premières *Bucoliques* : malgré les artifices inhérents au genre pastoral, ces pièces imitées des Grecs laissaient deviner un talent original.

Il subit dans ces années le contrecoup des troubles qui emportaient la République. Octave avait en effet confisqué des terres pour en doter ses vétérans, et Virgile fut l'une des victimes de ces spoliations. Il réussit cependant à plaider sa cause auprès du prince et de Mécène qui le prirent sous leur protection. Abandonnant pour de bon la province de ses ancêtres, il vécut dès lors à Rome ou en Campanie et se consacra à l'élaboration de son œuvre.

En 39 il publia un choix des *Bucoliques* (*Églogues*). Puis il s'attela aux *Géorgiques*, un poème didactique sur les travaux des champs qui correspondait à la fois à son goût personnel, à son attachement pour le terroir italien, et au souci qu'avait Auguste de réconcilier Rome avec ses racines. Mais l'œuvre de sa vie est sans conteste l'*Énéide* : c'est dans cette épopée qu'il put donner la mesure de sa puissance créatrice. La légende d'Énée quittant la ville de Troie pour venir, après bien des errances, fonder en Italie la nation romaine devint sous sa plume un hymne à la grandeur de sa patrie. Comme tous les hommes de sa génération qui avait vu la République enfanter l'Empire dans la douleur, Virgile avait un profond désir de paix. Il sut dans son poème transcender cette aspiration en un idéal de civilisation.

Alors qu'il était sur le point de l'achever, il voulut visiter la Grèce dont les écrivains avaient tant nourri son imagination. Ce premier voyage fut aussi son dernier car la maladie le surprit sur le chemin du retour et l'emporta soudainement.

La poésie de Virgile semble se jouer des contradictions. À la fois savante et pleine d'imagination, sensible et maîtrisée, expressive et pudique, elle est une conjonction rare de l'art et de l'humanité. C'est pourquoi les siècles n'affaiblissent pas l'aura de celui qu'Hugo nommait son « maître divin ».

Horace

(65-8 av. J.-C.)

La vie de Quintus Horatius Flaccus se lit dans ses œuvres. Modeste percepteur des ventes publiques dans une ville d'Italie du sud, son père fit tout son possible pour lui assurer une excellente éducation : il l'envoya étudier à Rome, puis à Athènes (45), comme les fils de bonne famille. Le jeune homme s'y engagea aux côtés de Brutus venu lever des troupes en Grèce après l'assassinat de César. Mais c'était la mauvaise carte : après la défaite des républicains à Philippes (42), Horace vit son patrimoine confisqué. Rentré à Rome après l'amnistie accordée aux vaincus il acheta pour vivre une charge de greffier et se mit à écrire des poèmes satiriques (41).

Ce fut le début d'une carrière rapide et brillante. Présenté par Virgile à Mécène (38), fameux protecteur des arts et conseiller d'Auguste, il en devient bientôt l'ami intime : dès l'année suivante il entre officiellement dans la cercle de ses familiers et l'accompagne dans une ambassade à Brindes (Ce voyage est évoqué dans une satire célèbre). Il s'impose parallèlement dans l'entourage du futur empereur, sans pour autant sacrifier sa liberté et son temps, tantôt à Rome, tantôt dans le domaine de Sabine qu'il a reçu de Mécène (33). Cette période est ponctuée par la publication des *Épodes* et des *Satires*, avant l'année 30, et, dans la décennie suivante, par celle de la majeure partie des *Odes* et des *Épîtres*. Dans les dernières années sa production se ralentit, le poète préférant désormais cultiver son jardin. Il compose un hymne officiel, le *Carmen saeculare*, et fait paraître un second livre d'*Épîtres*, un dernier livre d'*Odes*.

On trouve chez cet écrivain deux sources d'inspiration. D'un côté il se plaît à des causeries (*sermones*) en vers, tantôt railleuses et ironiques, tantôt spirituelles et pleines d'urbanité, où on le voit passer de la satire personnelle à la philosophie morale, et aborder des questions de littérature : ce sont les *Satires* et les *Épîtres*, où sont employées toutes les ressources de l'hexamètre. D'autre part il ambitionnait de doter Rome de ce qu'il considérait comme la véritable poésie, c'est-à-dire d'un ensemble lyrique digne des Grecs : c'est pourquoi il s'attela aux *Odes*, si caractéristiques par la richesse de leurs rythmes et la variété de leurs vers. Leur souplesse lui permettait d'aborder les sujets les plus divers : l'évocation de la nature se mêle à l'éloge de l'amitié et aux réflexions sur la folie aventureuse des hommes ; couplets à boire et chansons amoureuses y côtoient sans difficulté le soutien à la politique d'Auguste ou l'évocation des traditions nationales… Ces vers font apparaître un sentiment très aigu de l'instabilité des choses, une angoisse de la fuite du temps et de la brièveté de la vie, que le poète tente de conjurer par son fameux *carpe diem*.

Horace manifeste dans son œuvre les qualités que l'on s'accorde à reconnaître aux classiques : une recherche de l'équilibre, un fantaisie qui s'accorde au bon sens, une maîtrise de l'écriture qui fait de la sobriété l'assurance de la plénitude.

Tite-Live

(59 av. J.-C.-17 ap. J.-C.)

À la différence de César, de Salluste ou de Tacite, Titus Livius ne s'engagea jamais dans la vie publique. Originaire de Padoue, alors connue pour l'austérité de ses mœurs, il ne quitta sa ville qu'à l'âge adulte, et resta toujours fidèle aux tendances plutôt républicaines du milieu bourgeois dont il était issu. Malgré cela il fut reçu dans l'intimité de l'empereur Auguste, tant étaient grands le respect et l'admiration que lui valut son *Histoire de Rome* (*Ab Urbe condita libri*).

Les 142 livres de cet ouvrage qui le retint dans la capitale de l'année 29 jusqu'à sa mort furent publiés par fascicules de cinq ou dix, dont ne subsistent que la première décade, la troisième, la quatrième et la moitié de la cinquième. Au même titre que l'*Énéide* de Virgile ils étaient une contribution au mouvement de restauration nationale que menait alors l'empereur. L'avènement d'un nouveau régime, la fin des troubles civils incitaient à un retour en arrière, à une synthèse qui mît en valeur les vertus proprement romaines.

La tâche était immense et pleine d'embûches car le manque de fiabilité des sources aggravait les lacunes de la documentation. Grâce à sa bonne foi, à sa loyauté intellectuelle, soucieux de vraisemblance quand il ne pouvait être assuré du vrai, Tite-Live construisit cependant peu à peu un monument qui nous éclaire encore sur le passé de Rome.

Si l'antiquité ne concevait pas l'histoire comme une science, elle la considérait comme un genre littéraire à part entière, et Tite-Live estimait comme Cicéron que c'était une « œuvre oratoire ». Son style n'a pas manqué d'évoluer pendant le demi-siècle qu'il consacra à son travail. Mais il est toujours savant, et la richesse stylistique, le sens du mouvement et de la dramatisation, le goût de la psychologie contribuent à la vie d'un récit où le lecteur entre de plain pied.

Tibulle

(vers 50-19 av. J.-C.)

La brève existence d'Albius Tibullus nous est mal connue. Ayant reçu l'éducation qui convenait à un fils de famille équestre, il vivait à l'abri du besoin et possédait quelques biens non loin de Rome. Ami d'Horace et d'Ovide il se joignit en 31 au cercle de poètes qui entourait Valerius Messala Corvinus : ce grand seigneur, orateur réputé, à la fois administrateur, général et consul, qui obtint le triomphe en 27, était aussi un protecteur des lettres. Tibulle l'accompagna en Aquitaine comme membre de son état-major mais il dut renoncer à le suivre en Orient car il tomba malade au cours du trajet (29). Abandonnant ses rêves de carrière, il consacra le reste de ses jours à la poésie.

Les deux livres d'élégies qui composent son œuvre ne montrent pas un souci d'originalité : qu'il chante l'amour de Délie, de Glycère ou de Némésis, Tibulle n'hésite pas à employer des lieux communs rebattus. Vivre auprès de sa belle, fuir l'ambition et ses tracas, renoncer à chercher au loin la fortune, voilà toute sa philosophie. Ses vers nous proposent en outre de la campagne et des fêtes rustiques un tableau trop joli pour être réaliste. Mais ces variations ont un caractère musical et révèlent une fine sensibilité qui justifient le jugement par lequel Quintilien soulignait le charme et la délicatesse de ce poète *tersus atque elegans* (« élégant et raffiné »).

Ovide

(43 av. J.-C.-17 ap. J.-C.)

« Il est fait étoile d'Ovide
Avec les rayons de l'exil »

Cet hommage d'Aragon au poète latin fait allusion au dernier épisode de sa vie, à l'exil qu'Auguste prononça à son encontre en l'an 8 de notre ère, pour des raisons mal éclaircies. Relégué sur les rives du Pont-Euxin, l'actuelle Mer Noire, il passa ses dernières années miné par la nostalgie, ainsi qu'en témoignent les *Tristes* et les *Pontiques*, les deux recueils d'élégies qu'il composa loin de Rome.

Cet éloignement fut d'autant plus cruel que Publius Ovidius Naso, descendant d'une riche famille équestre, avait mené auparavant l'existence frivole d'un littérateur mondain à succès. Après s'être mis en évidence comme élève des meilleurs rhéteurs de la Ville, il s'était pourtant résolument tourné vers la poésie, au terme d'un long voyage à travers la Grèce. Il avait consacré ses premiers vers à l'amour et à la séduction (les *Amours*, l'*Art d'aimer*, les *Remèdes à l'amour*), avant de se lancer dans des projets plus ambitieux : présenter en une vaste fresque épique les transformations des êtres et des dieux (les *Métamorphoses*) ; composer mois par mois un calendrier de Rome qui passe en revue les cultes et les fêtes et retrace leur origine en s'attardant sur les croyances et les coutumes curieuses (les *Fastes*).

Il ne faudrait pas chercher chez cet auteur une pensée profonde ou des sentiments passionnés. Élégant, futile, spirituel, mais artiste dans l'âme : tel est l'écrivain que nous livrent les œuvres d'Ovide.

Sénèque

(début de l'ère chrétienne-65)

Lucius Annaeus Seneca est un parfait représentant des contradictions d'un siècle qui vit Rome s'ouvrir à tous les vents de la Méditerranée.

Né à Cordoue, venu tout jeune à Rome, il fut tenté dans sa jeunesse par l'ascétisme. Il avait devant les yeux l'exemple de ses maîtres, et se sentait attiré par la morale rigoureuse du stoïcien Attale et par les mœurs frugales de Sotion, un adepte végétarien de la philosophie de Pythagore. Il fit cependant une brillante carrière d'avocat, avant de mener la vie périlleuse du courtisan. Disgracié par Messaline, la première femme de l'empereur Claude, il fut relégué en Corse (41) ; la seconde, Agrippine, le rappela et le fit précepteur de Néron (49). Devenu ministre, financier richissime, Sénèque n'en pratiquait pas moins les lettres et la philosophie. Aussi décida-t-il de se retirer, lorsque sa position à la cour de l'empereur se trouva ébranlée, et de renouer avec les mœurs et les aspirations de sa jeunesse (62). Quand Néron lui donna l'ordre de se suicider, il s'ouvrit les veines en stoïcien (65).

Son œuvre très diverse nous est parvenue de façon lacunaire. Ses discours et ses poèmes sont pour ainsi dire perdus, ainsi que ses ouvrages de géographie : suivant le goût du temps pour les voyages et pour l'exotisme, il avait écrit sur l'Inde et sur l'Égypte. De ses traités scientifiques ne subsistent que sept livres des *Quaestiones naturales*. Mais nous pouvons encore lire un pamphlet sur l'empereur Claude (l'*Apocolocyntosis* ou transformation en citrouille), des tragédies inspirées des Grecs (*Agamemnon*, *Œdipe*, *Hercule furieux*, *Médée*, *Phèdre*...) et surtout l'essentiel de ses textes philosophiques : des consolations, des dialogues (*De tranquillitate animi*, *De ira*, *De brevitate vitae*, *De vita beata*, *De otio*...), des traités (*De clementia*, *De beneficiis*) et les *Lettres à Lucilius*, où se développe tout naturellement la réflexion morale qui guida la pensée et la vie de Sénèque.

Quinte-Curce

(premier siècle de notre ère ?)

Nous ne savons rien de positif au sujet de Quintus Curtius Rufus, pas même le siècle où il vécut. L'hypothèse la plus probable en fait cependant un contemporain de l'empereur Claude (41-54). L'*Histoire d'Alexandre* à laquelle est attaché son nom correspond en effet tout à fait à l'esprit de cette époque.

Dans une Rome cosmopolite, toujours plus teintée d'hellénisme, et qui s'ouvrait à toutes les influences de l'Orient, l'on voyait s'éveiller la curiosité : la science, la géographie, les voyages, l'exotisme étaient l'objet d'un véritable engouement. La vie du roi de Macédoine était donc un sujet qui convenait merveilleusement à l'air du temps. En choisissant de s'y intéresser, Quinte-Curce devenait le premier historien romain à écrire sur un thème strictement étranger.

Séduit par la personnalité du monarque et par le côté épique de l'expédition qui l'emmena jusqu'aux rives de l'Indus, il fait de cette histoire un roman d'aventures. Dans une langue émaillée de tours poétiques et qui rappelle celle de Tite-Live, il nous fait parcourir des contrées mystérieuses et colorées, il nous fait voir des affrontements terribles, et assister à des épisodes dramatiques... Au fil des livres se dévoile le destin extraordinaire du fils de Philippe qui, sans jamais cesser d'être un héros, finit par se perdre en cédant au despotisme.

Quinte-Curce n'est donc pas un historien très profond ni même très exact. Mais parmi les œuvres qui ont contribué à bâtir la légende d'Alexandre, la sienne reste la plus vivante et celle qui parle le mieux à l'imagination.

Stace

(vers 40-vers 96)

Né dans les mêmes années que Perse et que Lucain, Publius Papinius Statius semble appartenir à la génération qui suit. L'accession au pouvoir des Flaviens (Vespasien de 69 à 79, et ses fils Titus et Domitien respectivement de 79 à 81 et de 81 à 96) s'accompagna en effet d'un retour au classicisme qui fit rapidement oublier la flamme des poètes stoïciens et la hardiesse quasiment baroque de leur style. Stace s'inscrivit dans ce mouvement comme écrivain professionnel. Fils d'un homme de lettres napolitain, lui-même homme de lettres, adepte des lectures publiques et plusieurs fois lauréat des concours académiques, il fit l'essentiel de sa carrière à Rome dans l'entourage de Domitien.

Son œuvre présente un double visage. D'un côté les *Silves* (ou *Mélanges*) proposent en cinq livres des pièces impromptues sur les sujets les plus variés : inauguration d'une route ou d'une statue de l'empereur, plaintes sur la mort d'un perroquet, description d'un saule, éloges, consolations, etc. L'auteur ne faisait pas grand cas de ces textes de circonstance. S'il se plaisait à rappeler ses dons pour l'improvisation (Chacun de ces poèmes, qui peuvent compter jusqu'à trois cents vers, fut composé en moins de deux jours), il considérait que ce travail mondain et souvent mercenaire ne passerait pas à la postérité. La spontanéité et la justesse des *Silves* ne sont pourtant pas sans agrément, surtout quand il évoque la Campanie si chère à son cœur.

D'un autre côté il consacra douze ans à la rédaction de la *Thébaïde*, une vaste épopée sur la lutte fratricide d'Étéocle et de Polynice. Il espérait ainsi rivaliser avec Virgile et conquérir l'immortalité. Mais faute d'une inspiration personnelle ces douze chants nous paraissent aujourd'hui bien factices. Bien loin d'égaler l'*Énéide,* ils lui ressemblent « comme une copie de plâtre à un marbre de Paros » (R. Pichon).

Il est vrai qu'un artiste n'est pas toujours le meilleur juge de ce qu'il crée. C'est le cas de Stace dont la sensibilité se révèle quand elle n'est pas tuée par l'ambition d'être poète.

Pline le Jeune

(62-vers 113)

La réputation de Caius Plinius Caecilius Secundus repose sur les neuf livres de sa correspondance. Ils nous font connaître la vie d'un Romain fortuné pendant une période heureuse de l'Empire.

Celui-ci avait pourtant failli sombrer dans les années qui suivirent la mort de Néron (68). Mais les Flaviens (Vespasien, Titus, Domitien) et les premiers Antonins (Nerva et surtout Trajan, de 98 à 117) rétablirent peu à peu la paix civile, et l'on put assister sous le règne de ce dernier empereur à une sorte de résurrection nationale.

Ces circonstances furent favorables à l'écrivain : issu d'une très riche famille du nord de l'Italie, avocat à dix-huit ans, il profita de l'ascension de la bourgeoisie provinciale, et mena à des postes divers une brillante carrière de haut fonctionnaire. Il mourut en Bithynie, sur la mer Noire, deux ans après avoir été nommé gouverneur de cette province.

Loin de l'absorber entièrement, ses fonctions administratives lui donnaient l'occasion de développer ses relations mondaines et lui laissaient le temps de s'adonner à la littérature. Il se chargea lui-même de faire un choix parmi ses lettres, qui portent sur les sujets les plus divers : ses occupations, à Rome ou dans ses villas d'Italie, ses tracas, ses goûts, ses obligations, les objets qui l'entourent et les gens qu'il côtoie…

Il nous reste peu de chose de son oeuvre abondante. Cicéron était son dieu : on peut juger de sa passion pour l'éloquence en lisant son *Panégyrique de Trajan*, version remaniée du discours qu'il adressa à l'empereur lorsqu'il devint consul (100). Il rêvait d'égaler son ami Tacite : sans se hisser à son niveau, il nous laisse dans sa correspondance travaillée avec soin un miroir de son temps.

Suétone

(vers 75-vers 160)

Avocat et rhéteur, puis pour un temps secrétaire de l'empereur Hadrien, Caius Suetonius Tranquillus est le type de l'écrivain érudit, et c'est par une erreur de perspective que nous le considérons simplement comme un historien. Si nous disposions de l'intégralité de son œuvre, nous reconnaîtrions en effet dans cet ami de Plinc le Jeune le fureteur éclectique qui transcrivait, en latin ou en grec, ce que les archives et les bibliothèques lui avaient donné l'occasion de découvrir.

Ses *Prata* étaient une compilation qui traitait notamment d'antiquités et de sciences naturelles. Les vêtements, la grammaire, les jeux (*Historia ludicra*), tout lui semblait digne d'intérêt. Mais sa spécialité était sans conteste la biographie. Son grand ouvrage sur les hommes illustres (*De viris illustribus*), bien que considérablement mutilé, nous fait ainsi connaître la vie de Térence et d'Horace, et de quelques grammairiens célèbres.

Son chef-d'œuvre, la *Vie des douze Césars* (*De vita Caesarum*), que par chance nous possédons en entier, nous fait percevoir l'originalité de son travail. Le livre se présente comme une suite de monographies à la composition stéréotypée : la famille, la naissance, la jeunesse, la vie publique et la vie privée, la mort du personnage sont systématiquement évoqués. Une plume impersonnelle accumule les faits et les détails puisés aux meilleures sources, et construit ainsi peu à peu la figure de chaque empereur.

Suétone n'est donc pas un artiste. Comme écrivain il fait pâle figure auprès de son ami Tacite. Mais la nouveauté de sa méthode, sa précision scrupuleuse, sa froideur et même sa sécheresse en font pour qui s'intéresse à Rome une source irremplaçable.

Apulée
(125-170)

Lucius Apuleius est l'auteur du seul roman latin qui nous soit parvenu dans son intégralité. Les *Métamorphoses* ou l'*Âne d'or* nous content avec une imagination jamais en défaut les mésaventures du jeune Lucius transformé en âne par erreur. Les épisodes tantôt réalistes, tantôt satiriques, parfois scabreux mais toujours divertissants sont écrits dans une langue à la fois recherchée et expressive.

Cette variété est le reflet de l'écrivain lui-même. Originaire de la province de Numidie, en Afrique du Nord, il étudia d'abord la rhétorique à Carthage. Attiré par la philosophie il décida alors de se rendre à Athènes, où il s'initia à la magie et subit la séduction du mysticisme oriental. On le voit ensuite sillonner la mer Égée et parcourir une partie de la province d'Asie avant de revenir de fixer dans la ville de ses premières études comme conférencier mondain à succès.

Ce voyageur ouvert au monde et curieux de tout se flattait de cultiver les neuf muses. Il nous reste de lui, outre son roman, quelques opuscules philosophiques (*De Platone*, *De deo Socratis*, *De mundo*), une anthologie de ses discours et le plaidoyer où il se défend d'avoir obtenu par magie la main d'une riche veuve (*De magia*). Cela nous suffit pour juger de l'élégance et de la virtuosité de son écriture.

Cet Africain féru de philosophie grecque, initié aux mystères de l'Orient, pratiquant en artiste les langues dans lesquelles il s'exprimait, est le parfait représentant des recherches et des incertitudes de son siècle.

Ammien Marcellin

(vers 330-400)

Le latin n'était pas la langue maternelle d'Ammianus Marcellinus. Né à Antioche, dans la province de Syrie, non loin de la frontière parthe, il était en effet d'origine grecque. Mais son éducation fut naturellement bilingue, dans un empire qui l'était depuis longtemps.

Admis dans le corps d'élite de la garde impériale, il fut affecté en Mésopotamie (350), puis en Gaule (354) et de nouveau en Orient (357), où il accompagna l'empereur Julien dans ses campagnes contre les Perses (363). Ce furent là ses derniers combats. Après treize ans passés à parcourir les deux parties de l'empire, il décida de mettre en forme son expérience et de se consacrer à l'histoire.

Son dessein était de poursuivre l'œuvre de Tacite. Les trente et un livres de son *Histoire* (*Rerum gestarum libri*) reprennent les événements au moment où son prédécesseur les avait laissés, pour s'achever à l'avènement de Théodose (378). Les dix-huit derniers, les seuls que nous possédions, sont consacrés à la période contemporaine : le livre XIV s'ouvre sur l'année 353.

Il n'était pas facile de rendre compte des intrigues et de la complexité de cette période troublée. Mais Ammien fait preuve d'une hauteur de vues, d'une lucidité et d'une impartialité remarquables, tenant la balance égale entre les païens et les chrétiens, entre ses ennemis et ses protecteurs. Il prend par ailleurs grand soin d'enrichir sa matière par des digressions de toutes sortes où les sources livresques s'amalgament aux souvenirs de ses voyages : son ouvrage fourmille d'aperçus et de remarques sur la géographie, la religion, l'ethnographie, l'histoire naturelle (*quaestiones naturales*)... Il est vrai qu'à force de recherche sa langue manque parfois d'aisance et de limpidité. Mais Ammien Marcellin mérite de figurer dans la lignée des grands historiens de Rome.

Rutilius Namatianus

(fin du IVe siècle-début du Ve)

En instaurant la tétrarchie, l'empereur Dioclétien (284-305) entendait garantir la survie d'un empire sans cesse menacé d'envahissement et de désintégration. Son unité fut pourtant définitivement rompue dès la fin du quatrième siècle lorsque les deux fils de Théodose (379-395) prirent la tête, l'un de l'Orient, l'autre de l'Occident. Et quinze ans plus tard, le Wisigoth Alaric prenait et pillait Rome (410).

Dépossédée progressivement de sa puissance et de son rôle politique, la Ville vit en revanche son aura briller d'un éclat renouvelé. On redécouvrait en elle le berceau de la civilisation et de la culture. S'ensuivit une brillante renaissance de la littérature latine, illustrée par des écrivains de toutes les nations.

Rutilius Namatianus est très représentatif de cette époque. Ce Gaulois porte à Rome un amour indéfectible, à la fois pour sa beauté et pour les valeurs qu'elle représente à ses yeux. Préfet de la Ville en 414, — quatre ans après sa mise à sac —, il ne doute pas qu'elle sortira grandie du malheur et des épreuves, ainsi qu'elle l'a toujours fait.

Il nous a laissé un *Itinéraire* où il relate son retour au pays à l'automne de 417. Écrite en distiques élégiaques, cette pièce néo-classique est un pseudo-journal de voyage qui fait alterner, suivant la loi du genre, descriptions, anecdotes et réflexions. À la moindre occasion se déclare un patriotisme enthousiaste. La latinité trouve là son chant du cygne : son ultime poème profane contient des vers qui comptent parmi les plus beaux que Rome ait inspirés.

Indications bibliographiques

J.-M. André et M.-F. Baslez, *Voyager dans l'antiquité*, Fayard, 1993.

J. Bayet, *Littérature latine*, coll. « U », Armand Colin, rééd. 1960.

R. Chevallier, *Les Voies romaines*, Picard, 1997.

R. Chevallier, *Voyages et déplacements dans l'Empire romain*, Armand Colin, 1988.

G. Chouquer, F. Favory, *Les Arpenteurs romains*, Errance, 1992.

J.-C. Fredouille, *Dictionnaire de la civilisation romaine*, Larousse, 1996.

P. Grimal, *La Civilisation romaine*, Seuil, 1992.

R. Hanoune et J. Scheid, *Nos ancêtres les Romains*, coll. « Découvertes », Gallimard, 1995.

J.-L. Lamboley, *Lexique d'histoire et de civilisation romaines*, Ellipses, 1995.

C. Nicolet, *Rome et la conquête du monde méditerranéen*, PUF, 1979.

C. Nicolet, *L'Inventaire du Monde. Géographie et politique aux origines de l'Empire romain*, Fayard, 1988 (Rééd. Hachette, coll. « Pluriel »).

C. O'Connor, *Roman bridges*, Cambridge University Press, 1999.

R. Pichon, *Histoire de la littérature latine*, Hachette, 1928.

J.-N. Robert, *De Rome à la Chine*, Les Belles Lettres, 1993.

C. Scarre, *Atlas de la Rome antique*, Autrement, 1995.

Université d'Oxford, *Dictionnaire de l'antiquité*, coll. « Bouquins », Laffont, 1993.

J.-P. Vallat, *L'Italie et Rome. 218-31 av. J.-C.*, Armand Colin, 1995.

H. Zehnacker, J.-C. Fredouille, *Littérature latine*, PUF, 1993.

Textes

► Retour vers l'Italie

Si l'on peut mettre côte à côte les lettres de Pline et celles de la marquise de Sévigné, la correspondance de Cicéron doit plutôt être rangée auprès de celle de Voltaire. Les deux premiers nous présentent en effet deux visages de l'art épistolaire. Pour les autres en revanche la lettre était l'accompagnement quotidien de la réflexion et de l'action : s'étendant sur plusieurs pages ou réduite à quelques mots, négligée ou travaillée, destinée ou non à être divulguée, elle jette dans tous les cas un éclairage irremplaçable sur la personnalité et la vie de son auteur.
Nous ne devons d'avoir conservé cette partie de l'œuvre de Cicéron qu'à la fidélité de deux de ses correspondants qui se chargèrent de la préserver de l'oubli : Atticus, l'ami intime de l'orateur, et Tiron, son zélé secrétaire, à qui le liait une affection sincère.
Les lignes qui suivent nous donnent la mesure de cet attachement. Reçu officiellement à Athènes en octobre 50, alors que plane sur Rome la menace de la guerre civile, Cicéron décide de regagner l'Italie. Mais Tiron tombe malade à Patras et doit abandonner le voyage. Son maître lui adresse alors chaque jour des lettres pleines de sollicitude...

Tullius et Cicero Tironi suo **s. p. d.**

Nos a te, ut scis, discessimus° **a. d. IIII. Non. Nov.** ; **Leucadem** venimus a. d. VIII. Id. Nov., a. d. VII. **Actium**. Ibi propter tempestatem a. d. VI. Id. **morati sumus**. Inde a. d. V. Id. **Corcyram bellissime** navigavimus°. Corcyrae fuimus *usque ad a. d. XVI. Kal. Dec.* tempestatibus retenti. A. d. XV. Kal. in portum° **Corcyraeorum** ad **Cassiopem** stadia° CXX processimus°. Ibi retenti ventis sumus usque ad a. d. VIIII. Kal. : interea, qui cupide profecti sunt, multi naufragia° fecerunt. Nos eo die **cenati** solvimus° ; inde Austro° **lenissimo caelo sereno** nocte illa et die postero in Italiam ad **Hydruntem ludibundi** pervenimus° eodemque vento postridie (id erat a. d. VII. Kal. Dec.) hora

IIII. **Brundisium** venimus, eodemque tempore simul nobiscum in oppidum introiit° **Terentia**, *quae te facit plurimi.* [...]

Reliquum est ut te hoc rogem et a te petam ne **temere** naviges° (solent nautae° **festinare quaestus** sui causa). **Cautus** sis, mi Tiro (mare magnum et difficile tibi restat), si poteris, cum **Mescinio** (caute is solet navigare), **si minus**, cum **honesto** aliquo **homine**, cujus auctoritate navicularius° moveatur. In hoc omnem diligentiam si **adhibueris** teque nobis **incolumem** steteris, omnia a te habebo. Etiam atque etiam, noster Tiro, vale. Medico, **Curio**, **Lysoni**, de te scripsi diligentissime. Vale, salve.

CICÉRON, *Lettres à ses proches*, XVI, 9.

▷ Éclaircissements

Tullius et Cicero : sont ainsi désignés Cicéron et son fils, le premier par son *nomen*, le second par son *cognomen* ▪ **Tiro**, *-onis*, m. : « Tiron ». Cicéron était très attaché à cet affranchi qu'il employait comme secrétaire ▪ **s. p. d.** : abréviation de *salutem plurimam dicit* ▪ **a. d. IIII. Non. Nov.** : « le 2 novembre ». Les dates qui figurent dans la lettre sont celles du calendrier pré-julien : le 2 novembre correspond donc au 10 octobre du calendrier actuel ▪ **Leucas**, *-adis*, f. : « Leucade », ville principale de l'île du même nom ▪ **Actium**, *-ii*, nt. : « Actium », ville sur la côte ouest de l'Acarnanie, au nord de Leucade ▪ **morari** : « rester, patienter » ▪ **Corcyra**, *-ae*, f. : « Corcyre », île sur la côte ouest de l'Épire (aujourd'hui Corfou) ▪ **bellus**, *-a*, *-um* : « joli, charmant » ▪ **Corcyraei**, *-orum*, m. pl. : « les Corcyréens » ▪ **Cassiope**, *-es*, f. : « Cassiopé », ville de l'île de Corcyre ▪ **cenatus**, *-a*, *-um* : « qui a dîné » ▪ **lenis**, *-is*, *-e* : « doux » ▪ **serenum caelum** : « ciel clair, ciel sans nuages » ▪ **Hydrus**, *-untis*, f. : « Hydrunte », ville de Calabre (aujourd'hui Otrante) ▪ **ludibundus**, *-a*, *-um* : proprement, « qui folâtre ». D'où « en se jouant, sans problème » ▪ **Brundisium**, *-ii*, nt. : « Brindes », port de l'Italie méridionale, point de départ des principales routes maritimes à destination de la Grèce et de l'Orient ▪ **Terentia**, *-ae*, f. : « Térentia », épouse de Cicéron ▪ **temere**, adv. : « à la légère » ▪ **festinare** : « se presser » ▪ **quaestus**, *-us*, m. : « gain, bénéfice » ▪ **cautus**, *-a*, *-um* : « prudent » ▪ **Mescinius**, *-ii*, m. : « Mescinius », questeur que Cicéron a déjà recommandé à son secrétaire dans une lettre écrite quelques jours auparavant ■ **si minus** : « sinon » ■ **honestus homo** : « personne de qualité » ■ **adhibeo**, *-es*, *-ere*, *-bui*, *-bitum* : « appliquer, employer » ■ **incolumis**, *-is*, *-e* : « sain et sauf » ■ **Curius**, *-ii*, m. : « Curius », négociant dont Cicéron a fait la connaissance chez son hôte Lyson ■ **Lyso**, *-onis*, m. : « Lyson », hôte de Cicéron à Patras.

▷ À propos du calendrier romain

Avant César l'année comptait 355 jours : 28 en février ; 31 en mars, mai, juillet et octobre ; 29 pour les autres mois.

Les dates s'exprimaient par rapport à trois repères fixes :

- les calendes (**calendae** ou **kalendae**, *-arum*, f. pl.), le premier du mois ;
- les ides (**idus**, *-uum*, f. pl.), vers le milieu du mois (le 15 pour ceux de 31 jours, le 13 pour les autres) ;
- les nones (**nonae**, *-arum*, f. pl.), neuvième jour avant les ides, comme l'indique leur nom (par conséquent le 7 ou le 5).

Les autres jours étaient repérés par la distance qui les séparait du jour fixe suivant, les bornes étant comprises dans le calcul : ainsi le quatrième jour avant les nones de novembre correspondait au 2 de ce mois.

Afin d'assurer la correspondance avec l'année solaire, on ajoutait à intervalle régulier 22 ou 23 jours, qui se plaçaient entre le 23 et le 24 février. Mais comme les Pontifes, sur qui pesait la charge d'effectuer ces corrections, faisaient souvent passer des motifs politiques avant les considérations astronomiques, une discordance avait fini par s'établir.

César y mit un terme par sa réforme de 46. Il décida que cette année-là on intercalerait quatre-vingt-dix jours (Elle en compta donc 445 !), puis que s'établirait un cycle de quatre ans : trois années de 365 jours, une quatrième de 366, obtenue en doublant le 24 février, et désignée d'après cette particularité, le nom du jour supplémentaire étant naturellement *bis-sextus ante Kalendas Martias*.

▷ Exploitation grammaticale

1. Écrivez les dates en toutes lettres et donnez leur équivalent dans le calendrier pré-julien.
2. Relevez et classez les compléments circonstanciels de lieu.
3. Indiquez de quels mots sont dérivés les adverbes de manière qui figurent dans le texte.
4. Précisez à quoi le mot *hoc* fait référence, lignes 14 et 18.
5. Thème d'imitation : « Cicéron écrit à son affranchi qu'il sera comblé s'il lui revient sain et sauf ».

▷ Explication littéraire et stylistique

1. À quoi voyons-nous que ce texte est écrit au fil de la plume ?
2. Par quelles notations Cicéron sauve-t-il de la sécheresse la relation de son voyage, paragraphe 1 ?
3. Sous quelles formes sa sollicitude se manifeste-t-elle, paragraphe 2 ?
4. Quels traits du caractère de Cicéron cette page met-elle en évidence ?
5. Faites la synthèse des renseignements que cette lettre fournit à l'historien sur les voyages à la fin de la République.

► CONSTRUCTION D'UN PONT

Rédigés en quelques mois vers la fin de son commandement en Gaule, les Commentaires *de Jules César sont le fruit des circonstances : alors qu'à Rome ses ennemis répandaient mille calomnies à son sujet César entendait rétablir les faits. Comme il venait de vaincre Vercingétorix il voulait en outre faire connaître le déroulement de ses conquêtes et imposer à l'opinion l'image d'un chef victorieux. Respectant l'ordre chronologique le récit va droit à l'essentiel, sans que cette netteté s'accompagne de la moindre sécheresse. Le lecteur a ainsi l'impression d'avoir affaire à la réalité, et cette apparence d'authenticité n'est pas la moindre habileté de cette œuvre de propagande personnelle.*
Au livre IV César, qui a eu maille à partir avec les Germains, décide de répondre à leurs incursions « en leur montrant qu'une armée du peuple romain peut et ose franchir le Rhin ».

Caesar his de causis quas commemoravi **Rhenum** transire° **decreverat** ; sed navibus° transire neque satis tutum esse arbitrabatur neque *suae* neque populi Romani *dignitatis esse* statuebat. Itaque, etsi summa difficultas faciendi pontis° proponebatur propter latitudinem, rapiditatem altitudinemque fluminis, tamen id sibi **contendendum** aut aliter non traducendum° exercitum existimabat. **Rationem** pontis hanc **instituit**. **Tigna** bina **sesquipedalia** paulum **ab imo praeacuta dimensa** ad altitudinem fluminis intervallo pedum duorum inter se jungebat. Haec cum **machinationibus** immissa in flumen defixerat **fistucisque adegerat**, non **sublicae** modo derecte ad perpendiculum, sed **prone** ac **fastigate**, ut secundum **naturam fluminis** procumberent ; his **item** contraria duo ad eundem modum juncta intervallo pedum **quadragenum** ab inferiore° parte contra vim atque impetum fluminis conversa **statuebat**. Haec utraque **insuper bipedalibus trabibus** immissis, quantum eorum tignorum **junctura distabat**, binis **utrimque fibulis** ab extrema parte distinebantur ; quibus **disclusis** atque **in contrariam partem revinctis**, tanta erat operis firmitudo atque ea rerum natura ut, *quo major vis aquae* ***se incitavisset****, hoc* ***artius*** inligata tenerentur. Haec **derecta** materia **injecta** contexebantur ac **longuriis cratibusque consternebantur** ; ac **nihilo setius sublicae** et ad inferiorem partem fluminis oblique **agebantur**, quae pro **ariete** subjectae et cum omni opere conjunctae vim fluminis exciperent, et aliae **item** supra pontem mediocri spatio, ut, si arborum **trunci** sive naves° dejiciendi operis causa essent a barbaris missae, his **defensoribus** earum rerum vis minueretur neu ponti° nocerent.

CÉSAR, *La Guerre des Gaules*, IV, 17.

▷ Éclaircissements

Rhenus, *-i*, m. : « le Rhin » ■ **decerno**, *-is*, *-ere*, *-crevi*, *-cretum* : « décider » ■ **contendo**, *-is*, *-ere*, *-tendi*, *-tentum* (+ acc.) : « s'appliquer à » ■ **rationem instituere** : « arrêter un plan » ■ **tignum**, *-i*, nt. : « poutre » ■ **sesquipedalis**, *-is*, *-e* : « d'un pied et demi » (environ 45 cm) ■ **ab imo** : « à l'extrémité inférieure » ■ **praeacutus**, *-a*, *-um* : « taillé en pointe » ■ **dimetior**, *-iris*, *-iri*, *-mensus sum* : « mesurer » ■ **machinatio**, *-onis*, f. : « engin » ■ **fistuca**, *-ae*, f. : « mouton (masse servant à enfoncer des pilotis) » ■ **adigo**, *-is*, *-ere*, *-egi*, *-actum* : « enfoncer » ■ **sublica**, *-ae*, f. : « pilotis » ■ **prone**, adv. : « obliquement » ■ **fastigate**, adv. : « en diagonale » ■ **natura fluminis** : « le sens du courant » ■ **item**, adv. : « de la même façon » ■ **quadrageni**, *-ae*, *-a* (gén. *-um*), adj. num. distributif : « (chaque fois) quarante » ■ **statuo**, *-is*, *-ere*, *-ui*, *-utum* : « placer » ■ **insuper**, adv. : « par-dessus » ■ **bipedalis**, *-is*, *-e* : « de deux pieds » ■ **trabs**, *trabis*, f. : « poutre » ■ **junctura**, *-ae*, f. : « assemblage » ■ **distare** : « avoir un écartement » ■ **utrimque**, adv. : « de part et d'autre » ■ **fibula**, *-ae*, f. : « cheville » ■ **discludo**, *-is*, *-ere*, *-clusi*, *-clusum* : « écarter » ■ **in contrariam partem** : « en sens inverse » ■ **revincio**, *-is*, *-ire*, *-vinxi*, *-vinctum* : « retenir (par une attache) » ■ **se incitare** : « se précipiter » ■ **arte**, adv. : « étroitement » ■ **derectus**, *-a*, *-um* : « à angle droit », ici « longitudinal » ■ **injicio**, *-is*, *-ere*, *-jeci*, *-jectum* : « appliquer (sur) » ■ **longurius**, *-ii*, m. : « latte » ■ **cratis**, *-is*, f. : « claie » ■ **consterno**, *-is*, *-ere*, *-stravi*, *-stratum* : « couvrir » ■ **nihilo setius** : « de surcroît » ■ **agere** : « enfoncer » ■ **aries**, *-etis*, m. : « bélier » (en l'occurrence pour briser le courant) ■ **truncus**, *-i*, m. : « tronc » ■ **defensor**, *-oris*, m. : « défense ».

▷ Exploitation grammaticale

1. Relevez les gérondifs et les adjectifs verbaux du texte.
2. Avec quel mot *quantum* est-il en corrélation, ligne 15 ?
3. Justifiez le mode et le temps de *essent missae*, ligne 24.
4. Expliquez l'emploi des adjectifs numéraux distributifs.
5. Étudiez l'expression du but et de la conséquence.

▷ Explication littéraire et stylistique

1. Précisez le contenu des deux parties du texte et commentez la phrase qui sert de transition.
2. César parle de lui à la première et à la troisième personne. Comment expliquez-vous ce dédoublement ?
3. Relevez et regroupez suivant leur sens les verbes dont *Caesar* est le sujet. Que fait apparaître ce classement ?
4. Sous quels aspects l'esprit rationnel de César se manifeste-t-il ?
5. Quelle image César donne-t-il de lui à travers ces lignes ?

► LA MORT D'UN PILOTE

La mer resta toujours pour les Romains un monde étranger et lourd de menaces. Cette crainte profondément ancrée dans leur mentalité s'exprime très fréquemment dans la littérature, notamment sous la plume des poètes. On devine par exemple l'inquiétude d'Horace dans la prière qu'il adresse au bateau qui emporte en Grèce son ami Virgile (Et serves animae dimidium meae *: « et préserve la moitié de mon âme »* Odes, *I, 3, 8). L'*Énéide *elle-même est pleine d'épisodes où se révèlent la traîtrise et la cruauté de l'élément liquide.*
Le livre V nous présente la flotte d'Énée voguant par une nuit paisible. Elle vient de quitter la Sicile et Neptune a promis à Vénus une traversée sereine, sauf pour un homme dont « il faudra regretter la perte au fond du gouffre ».

Jamque fere mediam caeli Nox umida **metam**
contigerat, placida **laxabant** membra quiete
sub remis° **fusi** per dura **sedilia** nautae°,
cum levis **aetheriis** delapsus **Somnus ab astris**
aera dimovit tenebrosum et dispulit umbras,
te, **Palinure**, petens, tibi **somnia tristia** portans
insonti ; puppique° deus consedit in alta
Phorbanti similis **funditque** has ore **loquelas** :
« **Iaside** Palinure, ferunt ipsa aequora° classem°,
aequatae **spirant aurae**, datur hora quieti.
Pone caput fessosque oculos **furare** labori.
Ipse ego **paulisper** pro te tua **munera inibo**. »
Cui vix attollens Palinurus lumina **fatur** :
« Mene salis° placidi vultum fluctusque° quietos
ignorare jubes ? Mene huic confidere **monstro** ?
Aenean credam (**quid enim ?**) **fallacibus** auris
et caelo, **totiens** deceptus fraude **sereni** ? »
Talia dicta dabat, clavumque° adfixus et **haerens**
nusquam amittebat *oculosque sub astra tenebat.*
Ecce deus **ramum Lethaeo rore madentem**
vique **soporatum Stygia** super utraque **quassat**
tempora, **cunctantique** natantia lumina solvit.
Vix primos **inopina** quies **laxaverat artus**,
et superincumbens cum puppis° parte **revulsa**
cumque gubernaclo° liquidas projecit in undas

praecipitem ac socios **nequiquam** saepe vocantem ;
ipse volans tenues se sustulit **ales** ad auras.
Currit iter° tutum **non setius** aequore° classis°
promissisque patris Neptuni° interrita fertur.
Jamque **adeo** scopulos° **Sirenum** advecta subibat,
difficiles **quondam** multorumque ossibus albos
(Tum **rauca adsiduo** longe **sale**° saxa sonabant),
cum **pater** amisso **fluitantem** errare magistro
sensit, et ipse ratem° nocturnis rexit in undis
multa gemens **casuque** *animum concussus* amici :
« O nimium caelo et pelago° **confise** sereno,
nudus in ignota, Palinure, jacebis harena. »

VIRGILE, *Énéide*, V, vers 835-871

▷ Éclaircissements

meta, *-ae*, f. : « borne (que dans les jeux du cirque les chars devaient contourner) » ▪ **laxare** : « détendre, délasser » ▪ **fundo**, *-is*, *-ere*, *fudi*, *fusum* : « verser, répandre, étendre à terre » ▪ **sedile**, *-is*, nt. : « banc » ▪ **aetheriis ab astris** : « des astres de l'éther ». Le mot « éther » désigne l'espace interstellaire ▪ **Somnus**, *-i*, m. : « le Sommeil ». Divinité allégorique empruntée aux Grecs, le Sommeil est fils de la Nuit, père des Songes et frère jumeau de la Mort ▪ **aer**, *aeris*, m. (acc. grec *aera*) : « l'air » ▪ **Palinurus**, *-i*, m. : « Palinure », fils d'Iasius, pilote du vaisseau d'Énée ▪ **somnia tristia** : « songes funestes » ▪ **insons**, *-ontis*, adj. : « innocent » ▪ **Phorbas**, *-antis*, m. : « Phorbas », compagnon d'Énée ▪ **loquela**, *-ae*, f. : « parole » ▪ **Iasides**, *-ae*, m. (voc. *Iaside*) : « fils d'Iasius » ▪ **spirare** : « souffler » ▪ **aura**, *-ae*, f. : « brise » ▪ **furari** : « dérober » ▪ **paulisper**, adv. : « quelques instants, un petit moment » ▪ **munera inire** : « se charger d'une tâche » ▪ **fari** : « dire » ▪ **monstrum**, *-i*, nt. : « fait prodigieux, prodige » ▪ **Aenean** : « Énée » (acc. grec) ▪ **credere** : « confier » ▪ **quid enim ?** : « n'est-ce pas ? » ; question ironique ▪ **fallax**, *-acis*, adj. : « trompeur » ▪ **totiens**, adv. : « tant de fois » ▪ **serenum**, *i*, nt. : « temps serein » ▪ **haereo**, *-es*, *-ere*, *haesi*, *haesum* : « être attaché à, faire corps avec » ▪ **ramum Lethaeo rore madentem** : « un rameau mouillé d'une rosée léthéenne ». Le Léthé est un fleuve des Enfers dont l'eau fait oublier le passé ■ **soporatus**, *-a*, *-um* : « qui procure le sommeil, soporifique » ■ **Stygius**, *-a*, *-um* : « du Styx » (l'un des fleuves des Enfers) ■ **quassare** : « agiter, secouer » ■ **tempus**, *-oris*, nt. : « tempe » ■ **cunctari** : « hésiter » ■ **vix... et** : « à peine... que » ■ **inopinus**, *-a*, *-um* : « inattendu » ■ **artus**, *-us*, m. : « membre » ■ **superincumbo**, *-is*, *-ere*, *-cubui* : « se pencher sur » ■ **revello**, *-is*, *-ere*, *-velli*, *-vulsum* : « arracher » ■ **nequiquam**, adv. : « en vain » ■ **ales**, *-itis*, m. ou f. : « oiseau ». Apposition à *ipse* (le Sommeil) ■ **non setius**, adv. : « pas moins » ■ **promissum**, *-i*, nt. : « promesse, engagement » ■ **adeo**, adv. : « jusque-là » ■ **Siren**, *-enis*, f. : « Sirène ». Le chant de ces êtres fabuleux attire les voyageurs et les conduit à la mort ■ **quondam**, adv. : « jadis » ■ **raucus**, *-a*, *-um* : « rauque » ■ **adsiduo sale** : « sous les assauts incessants de la mer » ■ **pater** : il s'agit d'Énée ■ **fluitare** : « être incertain, flotter » ■ **casus**, *-us*, m. : « accident, infortune » ■ **confido**, *-is*, *-ere*, *confisus sum* (+ dat.) : « se fier à ».

▷ Exploitation grammaticale

1. Déterminez par la scansion la fonction de *placida*, vers 2.
2. Identifiez la forme *furare*, vers 11.
3. Précisez le sens de *primos*, vers 23.
4. Quel est le rôle de *cum*, vers 4 et 33, et de *ecce*, vers 20.
5. Relevez les mots préfixés par *in-* à valeur privative.

▷ Explication littéraire et stylistique

1. Quels procédés Virgile utilise-t-il pour rythmer son récit ?
2. Dans quels contextes le vocatif *Palinure* apparaît-il ? Sur quels tons faut-il le prononcer ?
3. Sous quels traits Palinure est-il présenté ?
4. Comparez l'ambiance sonore des vers 9-10 et 32.
5. Quel rôle le Sommeil joue-t-il dans cette scène ? Étudiez l'image que Virgile donne de cette divinité.
6. En quoi le merveilleux sert-il dans cette page la vérité psychologique ?

► LE VAISSEAU DÉSEMPARÉ

Un an avant la bataille d'Actium (31) chacun pressentait que les convulsions qui allaient finir par emporter la République étaient sur le point de reprendre : il apparaissait chaque jour davantage que l'affrontement d'Antoine et d'Octave était inévitable. L'inquiétude devant l'avenir se mêlait dans bien des esprits à des souvenirs amers. Ainsi Horace : âgé de quinze ans à l'époque où César avait déclenché la première guerre civile en franchissant le Rubicon (décembre 50), il s'était engagé, après l'assassinat de ce dernier (ides de mars 44), dans l'armée de Brutus, et il avait partagé à Philippes la défaite des républicains (42).

Dans l'ode XIV de son premier livre, le navire auquel il s'adresse est en fait une allégorie de la République prise dans la tourmente. Le poète prête ainsi une voix à sa douleur sans se départir de la discrétion qui le caractérise.

Le texte est écrit en strophes asclépiades B (du nom du poète grec Asclépiade), dont voici le schéma :

- *deux vers asclépiades mineurs* — — — ⏑⏑ — / — ⏑⏑ — ⏑ ⏓
- *un phérécratien (du nom de Phérécrate)* — — — ⏑⏑ — ⏓
- *un glyconique (d'après Glycon)* — — — ⏑⏑ — ⏑ ⏓

O navis°, referent in mare te novi
fluctus°. O quid agis ? Fortiter **occupa**
portum°. Nonne vides ut
nudum remigio° **latus**,

et malus° celeri **saucius** Africo°
antemnaeque° **gemant** ac sine funibus°
vix durare carinae°
possint **imperiosius**

aequor° ? Non tibi sunt integra lintea°,
non **di**, quos iterum pressa voces malo.
Quamvis **Pontica pinus**,
silvae filia nobilis,

jactes et **genus** et nomen inutile :
nil **pictis timidus** navita° puppibus°
fidit. Tu, nisi ventis
debes **ludibrium**, cave.

Nuper sollicitum quae mihi **taedium**
nunc desiderium curaque non levis,

interfusa **nitentes**
vites aequora° **Cycladas.**

HORACE, *Odes*, I, 14.

▷ Éclaircissements

portum occupare : « se hâter de gagner le port » ■ **latus**, *-eris*, nt. : « côté, flanc » ■ **saucius**, *-a*, *-um* : « blessé » ■ **gemo**, *-is*, *-ere*, *-ui*, *-itum* : « gémir » ■ **imperiosus**, *-a*, *-um* : « impérieux, tyrannique » ■ **di** (= *dei)* : il s'agit des dieux protecteurs (*tutelae*) sculptés à la poupe du bateau ■ **Ponticus**, *-a*, *-um* : « du Pont ». On tirait de cette région d'excellents bois de construction pour la marine ■ **pinus**, *-i*, f. : « pin » ■ **jactare** (+ acc.) : « se targuer de » ■ **genus**, *-eris*, nt. : « naissance, origine » ■ **pingo**, *-is*, *-ere*, *pinxi*, *pictum* : « peindre » ■ **timidus**, *-a*, *-um* : « effrayé » ■ **ludibrium**, *-ii*, nt. : « objet de moquerie, risée » ■ **nuper**, adv. : « naguère » (à l'époque de la guerre civile qui suivit l'assassinat de César) ■ **sollicitus**, *-a*, *-um* : « inquiet, angoissé » ■ **taedium**, *-ii*, nt. : « dégoût, écœurement ». L'expression *sollicitum taedium* est une allusion aux sentiments qu'Horace éprouvait à l'époque de cette première guerre civile ■ **nunc**, adv. : « aujourd'hui » (probablement en 32 av. J.-C., tandis que couvait le conflit qui fut tranché à Actium) ■ **desiderium**, *-ii*, nt. : « désir » (de ce que l'on a connu et qui manque désormais) ■ **nitentes Cycladas** : « les Cyclades éclatantes ». Baignées d'une mer particulièrement dangereuse ces îles de la mer Égée brillent du marbre de leurs montagnes.

▷ Exploitation grammaticale

1. Quelles particularités peut-on remarquer dans l'emploi des épithètes *novi*, vers 1, et *inutile*, vers 13 ?
2. L'adjectif *integra* est-il épithète ou attribut, vers 9 ? Justifiez votre réponse.
3. Quelle est la valeur circonstancielle du groupe *iterum pressa malo*, vers 10 ?
4. Quelle est la fonction de la relative, vers 17-18 ?

▷ Explication littéraire et stylistique

1. Étudiez l'usage qu'Horace fait des groupes vocatifs.
2. De quelle façon l'épithète qualifiant *aequor* est-elle mise en valeur, vers 8 ?
3. Quel parti le poète tire-t-il des rejets et des contre-rejets (par rapport à la césure), et des enjambements ?
4. En quoi la tonalité de la dernière strophe diffère-t-elle de celle des strophes précédentes ?
5. Quels sentiments cette allégorie permet-elle à Horace d'exprimer ?

▷ Recherches

1. Quelles circonstances ont amené la formation du premier, puis du second triumvirat ?
2. Qui s'affrontait à Pharsale ? à Philippes ? à Actium ?
3. Les Romains connaissaient plusieurs types de bateaux. De quelle manière étaient-ils équipés ?

► Prière du noyé

Dans la conception romaine les morts faisaient planer sur les vivants une vague menace, et il fallait veiller à ce qu'ils ne puissent jeter le trouble dans l'univers qu'ils avaient quitté. Privé de funérailles le défunt devenait en effet larve ou lémure, un revenant destiné à hanter les siens. La perspective de rester sans sépulture était donc pour chacun une angoisse, et naturellement pour le voyageur parti au loin.
Dans l'ode qui suit, Horace nous présente la prière d'un marin mort en mer. La pièce est écrite en mètres alcmaniens (d'après le poète lyrique Alcman), distiques composés d'un hexamètre et d'un quaternaire dactyliques. En voici le schéma :

– ⏖ – ⏖ – ⏖ – ⏖ – ⏑⏑ – ⏓
– ⏖ – ⏖ – ⏑⏑ – ⏓

Dant alios Furiae **torvo** spectacula Marti,
exitio est avidum mare nautis°.
Mixta senum ac juvenum **densentur** funera, nullum
saeva caput **Proserpina** fugit.
Me quoquc **devexi** rapidus comes **Orionis**

Illyricis Notus° **obruit** undis.
At tu, nauta, **vagae** *ne **parce*** **malignus** harenae
ossibus et capiti **inhumato**
particulam dare : sic, quodcumque **minabitur** Eurus°
fluctibus° **Hesperiis, Venusinae**
plectantur silvae, te **sospite**, multaque **merces**,
unde potest, tibi defluat **aequo**
ab Jove Neptunoque° sacri custode **Tarenti**.
Neglegis immeritis nocituram
postmodo te natis **fraudem** committere ? **Fors** et
debita jura vicesque superbae
te maneant ipsum : **precibus** non linquar **inultis**
teque **piacula** nulla resolvent.
Quamquam festinas, non est **mora** longa ; licebit
injecto **ter** pulvere curras.

HORACE, *Odes*, I, 28, vers 17-36.

▷ Éclaircissements

torvus, *-a*, *-um* : « au regard farouche » ■ **exitium**, *-ii*, nt. : « perte, fin » ■ **denseo**, *-es*, *-ere* : « rendre dense, serrer, multiplier » ■ **Proserpina**, *-ae*, f. : « Proserpine ». Enlevée par Pluton, la fille de Cérès et de Jupiter partage avec son ravisseur la souveraineté des Enfers. Elle détache un cheveu de la tête des mourants ■ **devexus**, *-a*, *-um* : « qui penche, qui décline » ■ **Orio**, *-onis*, m. : « Orion », chasseur changé par Diane en une constellation qui décline à l'époque des tempêtes de novembre ■ **Illyricus**, *-a*, *-um* : « d'Illyrie », région de la côte est de l'Adriatique ■ **obruo**, *-is*, *-ere*, *-rui*, *-rutum* : « engloutir » ■ **vagus**, *-a*, *-um* : « vagabond » ■ **parco**, *-is*, *-ere*, *peperci*, *parsum* (+ inf.) : « regarder à, s'abstenir de » ■ **malignus**, *-a*, *-um* : « chiche, avare » ■ **inhumatus**, *-a*, *-um* : « sans sépulture » ■ **minari** (*alicui aliquam rem*) : « menacer (qqn. de qqch.) » ■ **Hesperius**, *-a*, *-um* : « hespérien, du couchant ». L'adjectif désigne en l'occurrence la côte ouest de l'Adriatique ■ **Venusinus**, *-a*, *-um* : « de Venouse », ville d'Apulie où est né Horace ■ **plecto**, *-is*, *-ere* : « châtier ». Au passif, « subir des dommages, souffrir » ■ **sospes**, *-itis*, adj. : « sain et sauf » ■ **merces**, *-edis*, f. : « récompense » ■ **aequus**, *-a*,

-um : « propice, bienveillant » ■ **Tarentum**, *-i*, nt. : « Tarente », ville du sud de l'Apulie ■ **neglego**, *-is*, *-ere*, *-lexi*, *-lectum* (+ inf.) : « ne pas faire cas de, se moquer de » ■ **fraus**, *fraudis*, f. : « faute, crime » ■ **fors**, emploi adverbial : « peut-être » ■ **debita jura** : « droits dus (mais non acquittés), obligations non remplies » ■ **vicem**, *vicis*, f. (inusité au nom. sg.) : « ce qui vient en retour » ■ **superbus**, *-a*, *-um* : « hautain, intraitable » ■ **preces inultae** : « imprécations sans effet, vaines malédictions » ■ **piaculum**, *-i*, nt. : « sacrifice expiatoire » ■ **mora**, *-ae*, f. : « retard, perte de temps » ■ **ter**, adv. : « trois fois ». Nombre magique dont usent fréquemment les rituels.

▷ Exploitation grammaticale

1. À quel mot *alios* s'oppose-t-il, vers 1 ?
2. Déterminez par la scansion le temps de *fugit*, vers 4.
3. Qu'exprime l'adjectif en apposition, vers 7 ?
4. Quelle est la valeur circonstancielle de la relative indéfinie, vers 9-10 ?
5. Précisez le sens de *et*, vers 15.
6. Justifiez le mode de *maneant*, vers 17.

▷ Explication littéraire et stylistique

1. Quelle est la tonalité de cette prière ?
2. Horace utilise abondamment l'asyndète : comment la cohésion de la page est-elle assurée ?
3. Quelle image de la mort se dégage des six premiers vers ?
4. Étudiez l'ordre des mots dans la phrase *At tu... dare*, vers 7-9. Quels éléments met-il en valeur ?
5. Quel mot les coupes du vers 13 mettent-elles en évidence ?
6. À quoi cette page doit-elle sa sobriété ?

► HANNIBAL DANS LES ALPES

*La rédaction de l'*Histoire de Rome*, qui demanda près d'un demi-siècle, s'accompagna de changements inévitables dans le style de Tite-Live. Ces évolutions sont d'autant plus visibles que des pans entiers de l'oeuvre ne nous sont pas*

parvenus. L'absence de la seconde décade (livres XI à XX) souligne ainsi le contraste entre la langue plus colorée de la première (livres I à X) et la majestueuse régularité de la troisième (livres XXI à XXX).
Consacrée à la deuxième guerre punique, cette décade est pleine d'épisodes dramatiques que dominent la figure d'Hannibal et le souvenir de son expédition. Ces pages mettent en valeur le caractère proprement épique de l'affrontement de Rome et de sa rivale.
Le livre XXI nous montre le général carthaginois en grand péril. Vers la fin de l'automne, alors qu'il progresse dans les Alpes avec ses hommes et ses éléphants, il est arrêté par un précipice : un glissement de terrain a emporté le chemin avec lui. La colonne essaie d'abord sans succès de contourner l'obstacle...

Tandem **nequiquam** jumentis° atque hominibus fatigatis castra in **jugo**° posita, **aegerrime** ad id ipsum loco **purgato** ; tantum **nivis fodiendum** atque egerendum fuit. Inde ad rupem° **muniendam** per quam unam via° esse poterat milites ducti, cum caedendum esset **saxum**, arboribus **circa** immanibus **dejectis detruncatisque struem** ingentem lignorum faciunt eamque, *cum* et *vis venti* **apta** faciendo igni *coorta esset,* ***succendunt*** ardentiaque saxa infuso **aceto putrefaciunt**. Ita **torridam** incendio rupem° ferro **pandunt** molliuntque anfractibus° modicis clivos° ut non jumenta° solum sed elephanti etiam deduci possent. **Quadriduum circa** rupem consumptum, jumentis prope fame **absumptis** ; nuda enim fere cacumina° sunt et, si quid est **pabuli, obruunt** nives. Inferiora valles° **apricosque** quosdam colles° habent rivosque° prope silvas et jam humano cultu digniora loca. Ibi jumenta° in pabulum missa et quies muniendo fessis hominibus data. **Triduo** inde ad planum° descensum et jam locis mollioribus et **accolarum** ingeniis.

TITE-LIVE, *Histoire de Rome*, XXI, 37.

▷ Éclaircissements

nequiquam, adv. : « en vain » ▪ **jugum**, *-i*, nt. : « crête ». Le mot désigne ici le sommet de l'escarpement ▪ **aegre**, adv. : « avec peine » ▪ **purgare** : « nettoyer, déblayer » ▪ **nix**, *nivis*, f. : « neige » ▪ **fodio**, *-is*, *-ere*, *fodi*, *fossum* : « creuser » ▪ **munio**, *-is*, *-ire*, *-ivi*, *-itum* : « faire un travail de terrassement, construire, aménager » ▪ **saxum**, *-i*, nt. : « roc, rocher » ▪ **circa**, adv. : « alentour » ▪ **dejicio**, *-is*, *-ere*, *-jeci*, *-jectum* : « jeter à bas, abattre » ▪ **detruncare** : « ébrancher » ▪ **strues**, *-is*, f. :

« amas, amoncellement » ■ **aptus**, *-a*, *-um* (+ dat.) : « propre à » ■ **succendo**, *-is*, *-ere*, *-cendi*, *-censum* : « mettre le feu (par-dessous) » ■ **acetum**, *-i*, nt. : « vinaigre ». Ce détail a fait l'objet de nombreuses controverses. Il faut pourtant noter que les soldats buvaient du vinaigre coupé d'eau : Hannibal en avait donc à sa disposition. Par ailleurs il n'ignorait pas que les mineurs utilisaient l'acidité de ce liquide pour fragiliser la roche ■ **putrefacere** : « pourrir, désagréger » ■ **torridus**, *-a*, *-um* : « calciné » ■ **pando**, *-is*, *-ere*, *pandi*, *pansum* (*passum*) : « ouvrir, entailler » ■ **quadriduum**, *-i*, nt. : « espace de quatre jours » ■ **circa** (+ acc.) : « à propos de » ■ **absumo**, *-is*, *-ere*, *-sumpsi*, *-sumptum* : « épuiser ». Au passif, « périr » ■ **pabulum**, *-i*, nt : « pâturage » ■ **obruo**, *-is*, *-ere*, *-rui*, *-rutum* : « recouvrir (d'une couche) » ■ **apricus**, *-a*, *-um* : « exposé au soleil » ■ **triduum**, *-i*, nt. : « espace de trois jours » ■ **accola**, *-ae*, m. : « habitant ».

▷ Exploitation grammaticale

1. Quelle est la nuance exprimée par *ipsum,* ligne 2 ?
2. Relevez les adjectifs verbaux à valeur d'obligation.
3. Précisez la valeur de *et,* ligne 6.
4. Étudiez les emplois du génitif.
5. Thème d'imitation : « Avant de pouvoir entailler la paroi à coups de pics, les Carthaginois durent employer le feu et le vinaigre pour désagréger la roche ».

▷ Explication littéraire et stylistique

1. Étudiez le déroulement de la phrase, lignes 3-7. Quels éléments met-il en valeur ?
2. Quelle est la tonalité du tableau central, lignes 3-9 ?
3. Par quoi le reste de la narration se caractérise-t-il ?
4. Observez l'emploi de *et*, de *-que* et de *atque*. Quelle recherche stylistique fait-il apparaître ?
5. Comment le lecteur perçoit-il la sensibilité de Tite-Live ?

► MOURIR À CORFOU

On définit aujourd'hui une élégie comme un poème d'un ton mélancolique et tendre. Mais l'élégie romaine est un genre plus précis : elle est la synthèse réussie d'une expression particulière des sentiments, au premier rang desquels il faut placer l'amour, et d'une métrique adaptée. Elle s'appuie en effet sur une strophe dont la simplicité n'a d'égale que la souplesse, et que l'on reconnaît au premier coup d'œil : le distique élégiaque, composé d'un hexamètre dactylique et d'un pentamètre.
Les pièces de Tibulle utilisent exclusivement cette strophe. Dans la troisième élégie du livre un, nous le trouvons à Corcyre, contraint par la maladie à abandonner l'expédition qui emmène son protecteur Messalla en Orient.

Ibitis **Aegaeas** sine me, **Messalla**, per undas°,
o utinam **memores** ipse **cohorsque** mei !
Me tenet ignotis aegrum **Phaeacia** terris.
Abstineas avidas, Mors, modo, **nigra**, *manus* ;
abstineas, Mors **atra**, **precor** : non hic mihi mater
quae **legat** in **maestos** ossa **perusta sinus**,
non soror, Assyrios cineri quae **dedat odores**
et fleat **effusis** ante sepulcra **comis**,
Delia non usquam, quae, me cum **mitteret** urbe,
dicitur ante omnes **consuluisse** deos ;
illa sacras pueri **sortes** ter sustulit : illi
rettulit e **triviis** omnia certa puer ;
cuncta dabant reditus° ; tamen est **deterrita** numquam
quin fleret nostras **respiceretque** vias°.
Ipse ego **solator**, cum jam **mandata** dedissem,
quaerebam **tardas** anxius **usque moras** ;
aut ego sum **causatus** aves aut **omina dira**
Saturnive sacram me tenuisse **diem**.
O quotiens ingressus° iter mihi **tristia** dixi
offensum in porta signa dedisse pedem !
Audeat **invito** *ne quis* discedere° **Amore**,
aut sciat egressum° se **prohibente** deo.

TIBULLE, *Élégies*, I, 3, vers 1-22.

▷ Éclaircissements

Aegaeus, *-a*, *-um* : « égéen, de la mer Égée » ■ **Messalla** : Valerius Messalla Corvinus, protecteur de Tibulle. Ce grand seigneur réputé pour son éloquence, à la fois général, administrateur et consul, était en effet aussi un lettré ■ **memor**, *-oris*, adj. (+ gén.) : « qui se souvient de » ■ **cohors**, *-ortis*, f. : « état-major » ■ **Phaeacia**, *-ae*, f. : « la Phéacie », nom homérique de Corcyre (aujourd'hui Corfou) ■ **niger**, *-gra*, *-grum* : « noir » ■ **ater**, *-tra*, *-trum* : « sans éclat, sombre, noir » ■ **precari** : « prier, supplier » ■ **lego**, *-is*, *-ere*, *legi*, *lectum* : « recueillir » ■ **maestus**, *-a*, *-um* : « funèbre, de deuil » ■ **peruro**, *-is*, *-ere*, *-ussi*, *-ustum* : « calciner » ■ **sinus**, *-us*, m. : « pli (d'un vêtement ou d'un voile) » ■ **dedo**, *-is*, *-ere*, *dedidi*, *deditum* : « offrir » ■ **odor**, *-oris*, m. : « parfum » ■ **effusae comae** : « cheveux épars » (en signe d'affliction) ■ **Delia**, *-ae*, f. : « Délie », l'amie de Tibulle ■ **mitto**, *-is*, *-ere*, *misi*, *missum* : « laisser partir » ■ **consulo**, *-is*, *-ere*, *-sului*, *-sultum* : « consulter » ■ **sors**, *sortis*, f. : « sort ». Les sorts étaient des objets que l'on mettait dans une urne, et qu'une main innocente tirait au hasard. Il s'agit en l'occurrence de tablettes portant des inscriptions diverses ■ **trivium**, *-ii*, nt. : « patte d'oie, carrefour ». On y trouvait souvent une statue d'Hécate, déesse de la magie et des enchantements, que l'on appelait aussi Trivia ■ **deterreo**, *-es*, *-ere*, *-ui*, *-itum* : « dissuader, empêcher ». Les verbes d'empêchements se construisent avec une complétive au subjonctif introduite par *ne*. Lorsqu'ils sont employés dans un contexte négatif, la conjonction est *quin* ou *quominus* ■ **respicio**, *-is*, *-ere*, *-spexi*, *-spectum* (+ acc.) : « songer à » ■ **solator**, *-oris*, adj. : « consolateur » ■ **mandatum**, *-i*, nt. : « ordre » ■ **tardus**, *-a*, *-um* : « qui retarde » ■ **usque**, adv. : « sans cesse » ■ **mora**, *-ae*, f. : « délai » ■ **causari** : « alléguer, prétexter » ■ **omen**, *-inis*, nt. : « présage » ■ **dirus**, *-a*, *-um* : « de mauvais augure » ■ **Saturni sacra dies** : « le jour consacré à Saturne », i.e. le samedi, qui concordait avec le sabbat des Juifs alors fort nombreux à Rome ■ **tristis**, *-is*, *-e* : « funeste » ■ **offendo**, *-is*, *-ere*, *-fendi*, *-fensum* : « heurter » ■ **invito Amore** (abl. abs.) : « malgré l'Amour » ■ **prohibeo**, *-es*, *-ere*, *-bui*, *-bitum* : « empêcher, interdire ».

▷ Exploitation grammaticale

1. Quelle est la fonction de *ipse*, vers 2 ?
2. Pourquoi les verbes des relatives ne sont-ils pas tous au subjonctif, vers 6-10 ?
3. Quel mot la construction du distique met-elle en valeur, vers 21-22 ?
4. Précisez la valeur des préverbes de *abstineas*, vers 4 ; *perusta*, vers 6 ; *sustulit*, vers 11 ; *rettulit*, vers 12 ; *deterrita*, vers 13.
5. Dans quels vers un nom final est-il complété par un adjectif précédant la coupe ? Dans quels cas cela produit-il une rime interne (vers léonins) ?

▷ Explication littéraire et stylistique

1. Comment cette page est-elle composée ?
2. Sur quels tons le sentiment de solitude est-il exprimé ?
3. Quelles modulations perçoit-on dans le redoublement de la prière, vers 4-5 ?
4. À quoi tient la fraîcheur du récit de Tibulle, vers 11-20 ?
5. Sous Auguste « la mode voulait que les amoureux fussent languissants » (J. Bayet). Quelles formes le sentimentalisme prend-il dans cette page ?

▶ LE CHAR DU SOLEIL

Quand, après plusieurs livres consacrés au badinage et à l'art de séduire, Ovide décida d'élargir le champ de son inspiration, son choix se porta sur les vieux mythes de la Grèce. Ces derniers ne pouvaient que tenter l'imagination d'un poète : on y voit les dieux et les hommes s'y changer en plantes ou en oiseaux, en rocs ou en constellations... Mais même un grand sujet ne pouvait tempérer la frivolité de l'auteur des Amours. *Dans les* Métamorphoses *ces récits deviennent des histoires aimables ou pittoresques où chacun agit comme dans la Rome élégante d'Auguste.*
Le livre deux s'ouvre sur la légende de Phaéthon. Fils du Soleil et de la nymphe Clymène, ce dernier aimait se vanter de son origine. Or au cours d'une querelle on lui lança qu'Apollon n'était pas son père. Pour se rassurer le jeune homme supplia le dieu de lui accorder une faveur qui attesterait la vérité aux yeux du monde. Dans un élan celui-ci lui jura d'exaucer son désir : Phaéthon lui demanda alors de conduire pour un jour le char qui éclaire le monde...

Sors tua **mortalis**. Non est mortale quod optas.
Plus etiam, quam quod **superis contingere fas est**,
nescius **affectas**. *Placeat sibi quisque licebit*,
non tamen ignifero quisquam consistere in axe°
me **valet** excepto. Vasti quoque rector Olympi,
qui **fera** terribili **jaculatur** fulmina dextra,
non agat hos currus°. Et quid Jove majus habemus ?
Ardua° **prima via**° est et qua vix **mane recentes**
enitantur equi. Medio est altissima caelo,
unde mare et terras ipsi mihi saepe videre
fit timor, et **pavida** trepidat **formidine** pectus.
Ultima prona° via est et **eget** moderamine° certo ;
tunc etiam quae me **subjectis** excipit undis,
ne ferar in praeceps°, **Tethys** solet ipsa vereri.
Adde quod assidua rapitur **vertigine** caelum
sideraque alta trahit celerique **volumine torquet**.
Nitor in adversum, nec me, qui cetera, vincit
impetus, et rapido **contrarius** evehor **orbi**.
Finge datos currus°. Quid ages ? Poterisne **rotatis**
obvius° ire **polis**, ne te **citus** auferat **axis** ?
Forsitan et **lucos** illic urbesque deorum
concipias animo delubraque ditia donis
esse ? Per insidias iter° est **formasque ferarum**.
Utque viam teneas nulloque errore traharis,
per tamen adversi gradieris° cornua **Tauri**
Haemoniosque arcus violentique ora Leonis
saevaque **circuitu** curvantem **bracchia** longo
Scorpion atque aliter curvantem bracchia **Cancrum**.
Nec tibi quadrupedes **animosos** ignibus illis,
quos in pectore habent, quos ore et naribus **efflant**,
in promptu regere° est. Vix me patiuntur, ubi acres
incaluere animi, **cervixque repugnat** habenis°.
At tu, funesti ne sim tibi **muneris** auctor,
nate, cave, dumque res **sinit**, tua corrige **vota**.

OVIDE, *Métamorphoses*, II, vers 56-89.

▷ Éclaircissements

mortalis, *-is*, *-e* : « mortel, qui appartient aux mortels ». Fils d'un dieu et d'une nymphe, Phaéthon ne fait pas partie des immortels ■ **superi**, *-orum*, m. pl. : « les dieux d'en haut » (par opposition avec *inferi*, « les dieux du monde souterrain ») ■ **contingo**, *-is*, *-ere*, *-tigi*, *-tactum* (+ dat.) : « échoir à » ■ **fas est** : « il est permis (par les lois divines) » ■ **affectare** : « chercher à atteindre, aspirer à » ■ **valeo**, *-es*, *-ere*, *-ui*, *-itum* (+ inf.) : « avoir la force de, être capable de » ■ **ferus**, *-a*, *-um* : « sauvage, indompté » ■ **jaculari** : « lancer » ■ **prima via** : « le début de la route » ■ **mane**, adv. : « le matin » ■ **recens**, *-ntis*, adj. : « frais » ■ **enitor**, *-eris*, *-niti*, *-nisus* (*-nixus*) *sum* : « avoir du mal à monter » (cf. *nitor*, vers 17) ■ **pavidus**, *-a*, *-um* : « éperdu » ■ **formido**, *-inis*, f. : « effroi, terreur » ■ **egeo**, *-es*, *-ere*, *-ui* (+ abl.) : « avoir besoin de » ■ **subjectus**, *-a*, *-um* : « placé en contrebas » ■ **Tethys**, *-yos*, f. : « Téthys ». Femme de l'Océan, mère des trois mille Océanides, elle parcourt son empire sur une conque de nacre tirée par des chevaux marins, au milieu d'un cortège de dauphins ■ **vertigo**, *-inis*, f. : « mouvement de rotation, révolution » ■ **volumen**, *-inis*, nt. : « tourbillon » ■ **torqueo**, *-es*, *-ere*, *torsi*, *tortum* : « faire tournoyer » ■ **nitor**, *-eris*, *niti*, *nisus* (*nixus*) *sum* : « avancer avec peine, progresser » ■ **contrarius**, *-a*, *-um* (+ dat.) : « opposé à, en sens contraire de » ■ **orbis**, *-is*, m. : « révolution » ■ **polus**, *-i*, m. : « pôle » ; *rotati poli* : « la rotation des pôles » ■ **citus**, *-a*, *-um* : « rapide » ■ **axis**, *-is*, m. : « axe (du monde) » ■ **forsitan**, adv. (+ subj.) : « peut-être » ■ **lucus**, *-i*, m. : « bois sacré » ■ **animo concipere** : « s'imaginer » ■ **delubrum**, *-i*, nt. : « temple, sanctuaire » ■ **dis** (nt. *dite*), *ditis*, adj. : « riche » ■ **forma**, *-ae*, f. : « espèce » ■ **fera**, *-ae*, f. : « bête sauvage » ■ **Taurus**, *-i*, m. : « le Taureau » (constellation du zodiaque) ■ **Haemonii arcus** : « les arcs de Thessalie ». Allusion au centaure Chiron qui devint à sa mort la constellation du Sagittaire ■ **circuitus**, *-us*, m. : « cercle » ■ **bracchium**, *-ii*, nt. : « patte, pince » ■ **Scorpios**, *-ii*, m. (acc. grec *Scorpion*) : « le Scorpion » (autre constellation du zodiaque) ■ **Cancer**, *Cancri*, m. : « le Cancer » (autre constellation du zodiaque) ■ **animosus**, *-a*, *-um* : « fougueux » ■ **efflare** : « exhaler » ■ **in promptu esse** (+ dat.) : « être à la portée de » ■ **incalesco**, *-is*, *-ere*, *incalui* : « s'échauffer » ■ **cervix**, *-icis*, f. : « encolure » ■ **repugnare** (+ dat.) : « ne pas supporter » ■

munus, *-eris*, nt. : « faveur » ■ **natus**, *-i*, m. : « fils » (poétique) ■ **sino**, *-is*, *-ere*, *sivi*, *situm* : « permettre » ■ **votum**, *-i*, nt. : « souhait, désir ».

▷ Exploitation grammaticale

1. Déterminez par la scansion la fonction de *fera*, vers 6.
2. Justifiez le mode de *enitantur*, vers 9.
3. Précisez la nature de *quod*, vers 15.
4. Indiquez la fonction des infinitifs du texte.
5. Relevez les noms en *-men* et recherchez les verbes dont ils sont dérivés.

▷ Explication littéraire et stylistique

1. Apollon vous paraît-il parler comme un dieu ? Justifiez votre réponse.
2. Étudiez la composition de la page et la manière dont les arguments sont développés.
3. Sur quel ton Apollon s'adresse-t-il à son fils ? Quels sentiments semble-t-il éprouver à son égard ?
4. Étudiez dans ce passage les procédés de mise en scène.
5. Le mythe de Phaéthon pouvait tenter un poète tragique. De quelle manière Ovide l'aborde-t-il ?

► LE CHEMIN DE L'EXIL

L'exil était pour un Romain un châtiment d'une extrême gravité : c'était en quelque sorte une mort civile, dans une société où les relations étaient primordiales, et où l'individu n'existait pas en tant que tel. On peut donc imaginer la douleur d'Ovide quand on lui annonça qu'Auguste le reléguait au bout du monde : il devait quitter Rome pour l'embouchure du Danube. L'embarquement eut lieu en novembre. Les difficultés d'un voyage à la mauvaise saison venaient ainsi accroître son désarroi et aggraver sa solitude.
Dans les Tristes, *un recueil d'élégies qu'il fit publier en terre étrangère, le poète revient souvent sur cette sinistre traversée.*

Nunc quoque contenti **stridunt** Aquilone° rudentes°,
inque modum **tumuli** concava surgit aqua :
ipse gubernator°, tollens ad sidera palmas,

exposcit **votis**, immemor artis, opem.
Quocumque adspicio, nihil est nisi mortis imago,
quam **dubia** timeo mente timensque **precor** :
attigero portum°, portu terrebor ab ipso :
plus habet **infesta** terra timoris aqua.
Nam simul insidiis hominum pelagique° **laboro**,
et faciunt **geminos ensis** et unda metus :
ille meo vereor ne speret sanguine praedam ;
haec **titulum** nostrae mortis habere velit.
Barbara pars **laeva** est, avidae **succincta** rapinae,
quam **cruor** et caedes bellaque semper habent,
cumque sit hibernis agitatum fluctibus° aequor°,
pectora sunt ipso **turbidiora** mari.
Quo magis **his** debes **ignoscere**, candide lector,
si spe sunt, ut sunt, inferiora tua.
Non haec in nostris ut quondam scribimus hortis ;
nec consuete meum **lectule** corpus habes.
Jactor in indomito, **brumali** luce, profundo° ;
ipsaque **caeruleis charta feritur** aquis.
Improba pugnat **hiems** indignaturque, quod **ausim**
scribere, se rigidas **incutiente** minas.
Vincat hiems hominem : sed eodem tempore, quaeso,
ipse **modum statuam carminis**, *illa sui* !

OVIDE, *Tristes*, I, 11, vers 19-44.

▷ Éclaircissements

strido, *-is*, *-ere*, *stridi* (*strideo*, *-es*, *-ere*, *stridi*) : « siffler » ■ **tumulus**, *-i*, m. : « hauteur, tertre » ■ **votum**, *-i*, nt. : « vœu » ■ **dubius**, *-a*, *-um* : « indécis, hésitant » ■ **precari** : « demander dans ses prières, appeler en priant » ■ **attingo** (*adtingo*), *-is*, *-ere*, *-tigi*, *-tactum* : « toucher, atteindre » ■ **infestus**, *-a*, *-um* : « hostile » ■ **laborare** (+ abl.) : « souffrir de » ■ **geminus**, *-a*, *-um* : « double » ■ **ensis**, *-is*, m. : « épée, glaive » (terme poétique) ■ **titulus**, *-i*, m. : « titre, honneur » ■ **laevus**, *-a*, *-um* : « gauche, à gauche » ■ **succinctus**, *-a*, *-um* : « portant (une arme) à la ceinture, armé » ■ **cruor**, *-oris*, m. : « sang qui coule, sang répandu » ■

turbidus, *-a*, *-um* : « agité, troublé » ■ **his** (*carminibus*) : « ces vers » ■ **ignosco**, *-is*, *-ere*, *-novi*, *-notum* (+ dat.) : « pardonner à » ■ **lectulus**, *-i*, m. : « petit lit, lit de repos, divan » ■ **jactari** : « être secoué, ballotté » ■ **brumalis**, *-is*, *-e* : « d'hiver » ■ **caeruleus**, *-a*, *-um* : « d'un bleu foncé » ■ **charta**, *-ae*, f. : « papier (de papyrus) » ■ **ferio**, *-is*, *-ire* : « frapper » ■ **improbus**, *-a*, *-um* : « incessant, acharné » ■ **hiems**, *-emis*, f. : « hiver, intempéries, tempête » ■ **ausim** : subjonctif parfait archaïque de *audeo* ■ **incutio**, *-is*, *-ere*, *-cussi*, *-cussum* : « lancer, proférer » ■ **modum statuere** : « mettre un terme » ■ **carmen**, *-inis*, nt. : « chant, vers ».

▷ Exploitation grammaticale

1. Transformez la construction paratactique de façon à obtenir une principale et une subordonnée, vers 7.
2. Déterminez par la scansion la fonction de *infesta*, vers 8.
3. À quels mots *ille*, vers 11, et *haec*, vers 12 renvoient-ils ?
4. Quelle est la fonction de la proposition *cum... aequor*, vers 15 ?
5. Justifiez le mode de *ausim*, vers 23, et l'emploi du réfléchi, vers 24.

▷ Explication littéraire et stylistique

1. Comparez l'évocation de la tempête dans les deux premiers et les deux derniers distiques.
2. Relevez les tours hyperboliques et les procédés de mise en valeur.
3. Quel changement de ton observez-vous à partir du vers 17 ?
4. D'où vient le maniérisme des vers 19-20 ?
5. À quoi reconnaît-on dans cette page le poète mondain ?

▶ LES VOYAGES GUÉRISSENT-ILS DE L'ENNUI ?

L'établissement de l'Empire s'accompagna d'un vif engouement pour la géographie, et l'on vit au premier siècle de notre ère se développer les voyages de curiosité. Privés de l'action politique, certains crurent trouver dans le tourisme le moyen de tromper leur désœuvrement.

La critique de cette illusion revient à plusieurs reprises sous la plume de Sénèque. Dans son traité Sur la tranquillité de l'âme *et dans les* Lettres à Lucilius, *il met en garde ceux qui s'imaginent que le dépaysement procure la paix du cœur. Horace l'avait signalé avant lui :* « Caelum, non animum mutant, qui trans mare currunt. »

*(*Épîtres, *I, 11, 27) L'idée n'était donc pas nouvelle. Mais cela n'empêche pas le philosophe d'en rappeler la vérité, et de la soutenir de sa subtilité et de la force de sa conviction.*

Seneca Lucilio suo salutem.

Hoc tibi soli putas accidisse et admiraris quasi rem novam, quod peregrinatione° tam longa et tot locorum varietatibus non **discussisti** tristitiam gravitatemque mentis ? Animum debes **mutare**, non caelum. Licet vastum trajeceris° mare, licet, ut ait Vergilius noster,

« **Terraeque urbesque recedant** »,

sequentur te, quocumque perveneris, vitia. Hoc idem **querenti** cuidam Socrates ait :

« Quid miraris nihil tibi peregrinationes° prodesse, cum
te **circumferas** ? Premit te eadem causa, quae expulit. »

Quid terrarum **juvare** novitas potest ? Quid cognitio urbium aut locorum ? **In irritum cedit** ista **jactatio**. Quaeris quare te fuga ista non adjuvet ? Tecum fugis. **Onus** animi deponendum est ; non ante tibi ullus placebit locus. Talem nunc esse **habitum** tuum cogita, qualem Vergilius noster **vatis inducit** jam **concitatae** et **instigatae** multumque habentis in se **spiritus** non sui :

« **Bacchatur vates, magnum si pectore possit**
excussisse deum ».

Vadis° huc illuc, ut excutias insidens pondus, quod ipsa jactatione incommodius fit, sicut in navi° onera inmota minus **urgent, inaequaliter** convoluta citius eam partem, in quam **incubuere, demergunt**. Quicquid facis, contra te facis et motu ipso noces tibi ; aegrum enim concutis.

At cum istud **exemeris** malum, omnis mutatio loci jucunda fiet ; in ultimas expellaris terras licebit, in quolibet barbariae° **angulo** conloceris, hospitalis° tibi illa qualiscumque sedes erit. Magis *quis veneris* quam quo interest, et ideo nulli loco **addicere** debemus animum. Cum hac persuasione vivendum est : « Non sum uni angulo natus, patria mea totus hic mundus est. » Quod si **liqueret** tibi, non admirareris nil adjuvari te regionum varietatibus, in quas **subinde** priorum **taedio** migras°. *Prima* enim *quaeque* placuisset, si omnem tuam crederes. Nunc non peregrinaris°, sed erras et ageris ac locum ex loco mutas, cum illud quod quaeris, bene vivere, omni loco positum sit.

SÉNÈQUE, *Lettres à Lucilius*, 28, 1-5.

▷ Éclaircissements

discutio, *-is*, *-ere*, *-cussi*, *-cussum* : « secouer, dissiper ». Cf. *excutias*, ligne 19 et *concutis*, ligne 22 ■ **mutare** (+ acc.) : « changer de » ■ **Terraeque urbesque recedant** : *Énéide*, III, 72. C'est en ces termes qu'Énée évoque le moment où la flotte troyenne quitte les rivages de la Thrace, avant de se diriger vers les côtes italiennes ■ **recedo**, *-is*, *-ere*, *-cessi*, *-cessum* : « reculer, s'éloigner » ■ **queror**, *-eris*, *queri*, *questus sum* (+ acc.) : « se plaindre de » ■ **circumferre** : « faire circuler, emporter partout » ■ **juvo**, *-as*, *-are*, *juvi*, *jutum* : « servir, être utile » ■ **in irritum cedere** : « n'avancer à rien » ■ **jactatio**, *-onis*, f. : « agitation » ■ **onus**, *-eris*, nt. : « fardeau » ■ **habitus**, *-us*, m. : « état » ■ **vates**, *-is*, m. ou f. : « poète, devin, prophète (toute personne dont la parole est inspirée par les dieux) ». Il s'agit en l'occurrence de la Sibylle consultée par Énée à son arrivée en Italie ■ **inducere** : « représenter, mettre en scène » ■ **concitare** : « enflammer, exciter » ■ **instigare** : « aiguillonner » ■ **spiritus**, *-us*, m. : « inspiration » ■ **Bacchatur vates, magnum si pectore possit excussisse deum** : « La prêtresse s'agite et cherche à secouer de sa poitrine le dieu tout-puissant » *Énéide*, VI, 78 ■ **urgeo**, *-es*, *-ere*, *ursi* : « exercer une pression, peser » ■ **inaequaliter**, adv. : « pêle-mêle » ■ **incumbo**, *-is*, *-ere*, *-cubui*, *-cubitum* : « s'abattre sur » ■ **demergo**, *-is*, *-ere*, *-mersi*, *-mersum* : « faire couler, noyer » ■ **eximo**, *-is*, *-ere*, *-emi*, *-emptum* : « enlever, supprimer » ■ **angulus**, *-i*, m. : « recoin, lieu retiré » ■ **addicere** : « vouer, assujettir » ■ **liqueo**, *-es*, *-ere*, *licui* : « être clair, manifeste » ■ **subinde**, adv. : « coup sur coup » ■ **taedium**, *-ii*, nt. : « dégoût, ennui ».

▷ Exploitation grammaticale

1. Relevez les verbes au subjonctif parfait actif.
2. Quelle nuance l'adjectif *noster* exprime-t-il, lignes 5 et 15 ?
3. Précisez le sens de *non sui*, ligne 16.
4. Justifiez le cas de *angulo*, ligne 27.
5. Étudiez l'expression de l'indéfini, paragraphe 2.

▷ Explication littéraire et stylistique

1. Par quels moyens Sénèque donne-t-il à cette lettre l'allure d'une conversation ?

2. Faites la liste des mots et des expressions qui désignent le fait de voyager, et commentez-la.
3. Quel rôle les citations jouent-elles dans ce passage ?
4. Relevez quelques formules brillantes et expliquez ce qui en fait le sel.
5. Comment Sénèque procède-t-il pour guider Lucilius dans sa prise de conscience ?

► LE TUNNEL ET LE PHILOSOPHE

Sénèque trouve souvent matière à philosopher dans ses activités quotidiennes, car ses préoccupations sont celles d'un moraliste qui s'intéresse avant tout à la manière dont il faut conduire sa vie. Le point de départ des Lettres à Lucilius *est ainsi le plus souvent un fait anodin qui se voit éclairé par une psychologie tout en finesse et qui permet aux analyses de se déployer, conduisant le lecteur vers les plus hautes spéculations.*
Dans la lettre 57 un trajet inconfortable est l'occasion de réfléchir sur les limites de la sagesse.

Seneca Lucilio suo salutem.

Cum a **Bais** deberem **Neapolim** repetere, facile credidi tempestatem esse, ne iterum **navem° experirer** ; et tantum **luti** tota via° fuit, ut possim videri **nihilominus** navigasse°. Totum athletarum fatum mihi illo die **perpetiendum** fuit ; a **ceromate** nos **haphe** excepit in **crypta Neapolitana**. Nihil illo carcere longius, nihil illis **facibus** obscurius, quae nobis **praestant** non ut per tenebras videamus, sed ut **ipsas**. Ceterum etiam si locus haberet lucem, **pulvis** auferret, **in aperto** quoque res gravis et **molesta** ; **quid** illic, ubi in se **volutatur** et, cum sine ullo **spiramento** ***sit inclusus***, in ipsos, a quibus excitatus est, recidit ? Duo incommoda inter se contraria simul pertulimus : eadem via°, eodem die et luto et pulvere **laboravimus**.

Aliquid tamen mihi illa obscuritas, **quod cogitarem**, dedit ; sensi quemdam **ictum** animi et sine metu mutationem, quam insolitae rei novitas simul ac **foeditas** fecerat. Non de me nunc tecum loquor, qui multum ab homine **tolerabili**, **nedum** a perfecto absum, sed de **illo, in quem fortuna jus perdidit**. Hujus quoque **ferietur** animus, mutabitur color. Quaedam enim, mi Lucili, nulla effugere virtus potest ; **admonet** illam natura mortalitatis suae. Itaque et **vultum adducet** ad tristia et inhorrescet ad subita et **caligabit**, si vastam altitudinem in **crepidine** ejus constitutus despexerit ; non est hoc timor, sed naturalis **adfectio** inexpugnabilis rationi. Itaque fortes quidam et paratissimi fundere suum sanguinem alienum videre non possunt. Quidam ad vulneris novi, quidam ad veteris et purulenti **tractationem** inspectionemque **succidunt** ac **linquuntur animo**. Alii gladium facilius **recipiunt** quam vident.

Sensi ergo, ut dicebam, quamdam non quidem perturbationem, sed mutationem. Rursus ad primum conspectum redditae lucis **alacritas** rediit incognita et injussa.

SÉNÈQUE, *Lettres à Lucilius*, 57, 1-6.

▷ Éclaircissements

Baiae, *-arum*, f. pl. : « Baïes ». Villégiature réputée, non loin de Naples ▪ **Neapolis**, *-is*, f. : « Naples » ▪ **navem experiri** : « essayer le bateau ». Sénèque était sujet au mal de mer ▪ **lutum**, *-i*, nt. : « boue » ▪ **nihilominus**, loc. adv. : « tout de même » ▪ **perpetior**, *-eris*, *-peti*, *-pessus sum* : « endurer jusqu'au bout » ▪ **ceroma**, *-atis*, nt. : « onguent (dont s'enduisaient les lutteurs) » ▪ **haphe**, *-es*, f. : « poudre (dont les lutteurs se frottaient le corps avant de combattre) » ▪ **crypta Neapolitana** : « tunnel de Naples ». Il permettait d'éviter de longer la côte ▪ **fax**, *facis*, f. : « torche, flambeau » ▪ **praestare** : « permettre » ▪ **ipsas** (*tenebras*) : « les ténèbres elles-mêmes » ▪ **pulvis**, *-eris*, m. : « poussière » ▪ **in aperto** : « en plein air » ▪ **molestus**, *-a*, *-um* : « désagréable, pénible » ▪ **quid ?** : « que dire ? ». Formule de transition servant à enchérir ▪ **volutari** : « s'enrouler en volutes » ▪ **spiramentum**, *-i*, nt. : « soupirail » ▪ **includo**, *-is*, *-ere*, *-clusi*, *-clusum* : « enfermer » ▪ **laborare** (+ abl.) : « souffrir de, être incommodé par » ▪ **aliquid quod cogitarem** : « matière à réflexion » ▪ **ictus**, *-us*, m. : « choc » ▪ **foeditas**, *-atis*, f. : « aspect repoussant » ▪ **tolerabilis**, *-is*, *-e* : « passable, acceptable » ▪ **nedum**, adv. : « à plus forte raison » ▪ **illo in quem fortuna jus perdidit** : « celui sur lequel le sort n'a plus de droits », c'est-à-dire le sage ▪ **ferio**, *-is*, *-ire* : « frapper » ▪ **admonere** (*aliquem alicujus rei*) : « rappeler (qqch. à qqn.) » ▪ **vultum adducet** : « son visage se contractera » ▪ **caligare** : « être pris d'un éblouissement » ▪ **crepido**, *-inis*, f. : « bord, rebord » ▪ **adfectio**, *-onis*, f. : « émotion » ▪ **tractatio**, *-onis*, f. :

« contact » ■ **succido**, *-is*, *-ere*, *-cidi* : « défaillir, se sentir mal » ■ **animo linqui** : « s'évanouir » ■ **recipere** (*gladium*, *ferrum*) : « recevoir le coup de grâce ». La foule criait *Recipe ferrum !* pour refuser sa grâce au gladiateur vaincu ■ **alacritas**, *-atis*, f. : « allégresse ».

▷ Exploitation grammaticale

1. Quelle est la valeur de *et*, ligne 3 ?
2. Justifiez le temps de *possim*, ligne 4.
3. Pourquoi la relative est-elle au subjonctif, ligne 13 ?
4. Quelle nuance est exprimée par *illo*, ligne 16 ?
5. À quel mot le possessif *suae* renvoie-t-il, ligne 19 ? Comment expliquez-vous cet emploi ?
6. Relevez les noms en *-tio* et recherchez les verbes dont ils sont dérivés.

▷ Explication littéraire et stylistique

1. De quelle manière cette page est-elle composée ?
2. Par quelles figures de rhétorique l'esprit de Sénèque s'exprime-t-il, paragraphe 1 ?
3. Quel est dans ce texte le rôle de la tournure *non... sed* ?
4. Comment la finesse de Sénèque se manifeste-t-elle dans l'analyse de ses émotions ?
5. Étudiez la phrase qui résume le propos du texte.

▶ AU BOUT DU MONDE

Si le royaume des Parthes demeura pour les Romains un obstacle infranchissable, il n'interdit pas pour autant le commerce avec les contrées situées au-delà. Pline l'Ancien évaluait ainsi à cent millions de sesterces ce que l'empire dépensait chaque année pour les produits de l'Arabie, de l'Inde et de la Chine. Ces pays restaient malgré tout bien mystérieux. Les voyages d'exploration apportaient certes quelques lumières, mais il ajoutaient surtout leur lot de légendes et de merveilleux.

On comprend donc l'intérêt que pouvait susciter l'histoire d'Alexandre. Non seulement sa jeunesse, sa vaillance et ses victoires en faisaient un héros d'épopée, mais, en conquérant la Perse et une partie de l'Inde, il avait poussé plus loin qu'aucun Romain n'avait jamais osé l'espérer. La limite qu'il s'était fixée était tout simplement l'Océan, là où ses géographes plaçaient les bornes du monde.

Pervicax cupido visendi Oceanum° adeundique terminos° mundi sine regionis **peritis** flumini° ignoto caput suum totque fortissimorum virorum salutem **permittere compulit**. Navigabant° ergo omnium per quae ferebantur **ignari** : quantum inde abesset mare, quae gentes colerent, quam **placidum** amnis° os°, quam **patiens** longarum navium° esset, **anceps** et **caeca** aestimatio **augurabatur**. Unum erat temeritatis **solacium** perpetua felicitas. Jam CCCC stadia° processerant°, cum *gubernatores° agnoscere ipsos **auram** maris* et haud procul videri sibi Oceanum abesse *indicant regi*. Laetus ille **hortari** nauticos° coepit incumberent° remis°. Itaque ingenti **alacritate** nautici remigant° ; et proximo quoque die, quo propius spes **admovebatur**, crescebat ardor animorum. Tertio jam die mixtum flumini **subibat** mare **leni** adhuc aestu° confundente **dispares** undas°. Tum aliam insulam° medio amni sitam evecti° paulo lentius, quia cursus° aestu **reverberabatur**, applicant° classem° ; et ad **commeatus** petendos discurrunt, **securi casus** ejus qui supervenit **ignaris**.

Tertia **ferme** hora erat, cum **stata vice** Oceanus **exaestuans** invehi coepit et **retro** flumen **urgere**. Quod primo **coercitum**, deinde vehementius pulsum majore impetu adversum agebatur, quam torrentia° praecipiti alveo° incurrunt. Ignota **vulgo** freti° natura erat, monstraque et irae **deum** indicia cernere videbantur. **Identidem intumescere** mare, et in campos° paulo ante **siccos** descendere **superfusum**. Jamque **levatis** navigiis° et tota classe dispersa, qui expositi° erant, **undique** ad naves **trepidi** et improviso malo **adtoniti** recurrunt. Sed in tumultu **festinatio** quoque **tarda** est : hi contis° navigia pellebant ; hi, dum remos° **aptari** prohibebant, **consederant** ; quidam enavigare° **properantes**, sed non expectatis qui simul esse debebant, **clauda** et inhabilia navigia **languide moliebantur** ; aliae navium **inconsulte ruentes** non receperant : **pariterque** et multitudo et paucitas festinantes **morabatur**. [...]
Dispersa classis **partim** in **praealta** aqua stabat, qua **subsederant** valles°, **partim** in vado° **haerebat**, **utcumque** inaequale terrae **fastigium** occupaverant undae, cum subito novus et **pristino** major terror **incutitur**. **Reciprocari** coepit mare.

QUINTE-CURCE, *Histoire d'Alexandre*, IX, 9.

▷ Éclaircissements

pervicax, *-acis*, adj. : « obstiné, opiniâtre » ■ **peritus**, *-a*, *-um* (+ gén.) : « qui a l'expérience de, qui connaît » ■ **permitto**, *-is*, *-ere*, *-misi*, *-missum* : « confier » ■ **compello**, *-is*, *-ere*, *-puli*, *-pulsum* (+ inf.) : « pousser à, amener à » ■ **ignarus**, *-a*, *-um* (+ gén.) : « qui ne connaît pas, ignorant » ■ **placidus**, *-a*, *-um* : « calme, paisible » ■ **patiens**, *-ntis*, adj. (+ gén.) : « qui supporte » ■ **anceps**, *-cipitis*, adj. : « douteux » ■ **caecus**, *-a*, *-um* : « incertain » ■ **augurari** : « conjecturer » ■ **solacium**, *-ii*, nt. : « consolation, réconfort » ■ **aura**, *-ae*, f. : « brise » ■ **hortari** (+ subj.) : « exhorter à » ■ **alacritas**, *-atis*, f. : « ardeur, entrain » ■ **admoveo**, *-es*, *-ere*, *-movi*, *-motum* : « approcher ». Au passif, « s'approcher » ■ **subeo**, *-is*, *-ire*, *-ii* (*-ivi*), *-itum* : « s'insinuer » ■ **lenis**, *-is*, *-e* : « doux » ■ **dispar**, *-aris*, adj. : « divers, hétérogène » ■ **reverberare** : « contrecarrer » ■ **commeatus**, *-us*, m. : « approvisionnement, vivres » ■ **securus**, *-a*, *-um* (+ gén.) : « qui ne s'inquiète pas de » ■ **casus**, *-us*, m. : « coup du sort, désastre » ■ **ferme**, adv. : « à peu près, environ » ■ **status**, *-a*, *-um* : « périodique » ■ **vicem**, *vicis*, f. (inusité au nom. sg.) : « retour » ■ **exaestuare** : « s'avancer en bouillonnant » ■ **retro**, adv. : « en arrière » ■ **urgeo**, *-es*, *-ere*, *ursi* : « pousser » ■ **coerceo**, *-es*, *-ere*, *-cui*, *-citum* : « contenir, arrêter » ■ **vulgus**, *-i*, nt. : « la masse » ■ **deum** : génitif archaïque, = *deorum* ■ **identidem**, adv. : « à diverses reprises » ■ **intumesco**, *-is*, *-ere*, *-mui* : « s'enfler, se gonfler » ■ **siccus**, *-a*, *-um* : « sec, à sec » ■ **superfundo**, *-is*, *-ere*, *-fudi*, *-fusum* : « recouvrir, submerger » ■ **levare** : « soulever » ■ **undique**, adv. : « de toutes parts, de tous côtés » ■ **trepidus**, *-a*, *-um* : « tremblant » ■ **adtonitus**, *-a*, *-um* : « frappé de stupeur, abasourdi » ■ **festinatio**, *-onis*, f. : « hâte, précipitation » ■ **tardus**, *-a*, *-um* : « qui ralentit, qui cause du retard » ■ **aptare** : « installer » ■ **consido**, *-is*, *-ere*, *-sedi*, *-sessum* : « prendre place » ■ **properare** : « se hâter » ■ **claudus**, *-a*, *-um* : « bancal, déséquilibré » ■ **languide**, adv. : « sans vigueur » ■ **molior**, *-iris*, *-iri*, *molitus sum* : « manœuvrer » ■ **inconsulte**, adv. : « inconsidérément » ■ **ruo**, *-is*, *-ere*, *rui*, *rutum* : « se précipiter » ■ **pariter**, adv. : « également, semblablement » ■ **morari** : « retarder » ■ **partim... partim** : « pour une part... pour une autre part, soit... soit » ■ **praealtus**, *-a*, *-um* : « profond » ■ **subsido**, *-is*, *-ere*, *-sedi*, *-sessum* : « s'abaisser, se creuser » ■ **haereo**, *-es*, *-ere*, *haesi*, *haesum* : « être échoué » ■ **utcumque**, conj. : « selon que » ■

fastigium, *-ii*, nt. : « pente, niveau » ■ **pristinus**, *-a*, *-um* : « ancien, premier, précédent » ■ **incutio**, *-is*, *-ere*, *-cussi*, *-cussum* : « susciter, inspirer » ■ **reciprocare** : « ramener en arrière » ; au passif, « refluer ».

▷ Exploitation grammaticale

1. Remplacez par des adjectifs verbaux les gérondifs du groupe *pervicax cupido visendi Oceanum adeundique terminos mundi.*
2. Relevez les présents historiques et les infinitifs de narration.
3. Justifiez l'emploi de *quoque*, ligne 11.
4. Relevez les passifs de sens réfléchi.
5. Identifiez la forme *superfusum* et justifiez son emploi, ligne 22.
6. Précisez la valeur circonstancielle des ablatifs absolus.

▷ Explication littéraire et stylistique

1. Relevez une sentence morale et commentez-la.
2. Quels rôles la psychologie joue-t-elle dans cette page ?
3. Étudiez les aspects rhétoriques de la scène, lignes 24-29.
4. Par quels procédés l'auteur rythme-t-il sa narration ?
5. Estimez-vous que Quinte-Curce fait œuvre d'historien ? Justifiez votre réponse.

► LA VOIE DOMITIENNE

L'an 95 de notre ère fut inaugurée la via Domitiana. *Longeant la côte de Campanie à travers une plaine marécageuse, elle permettait d'abréger le trajet de Rome à Naples. Sa construction servait en outre la gloire de l'empereur en montrant que la nature et ses désordres s'inclinaient devant sa puissance.*
Stace a consacré l'une des pièces de ses Silves *à cet événement. Le poème est naturellement l'occasion de faire le panégyrique de Domitien. Mais par la précision de ses indications il a aussi valeur de document : le début nous dévoile le terrain et nous montre les ouvriers à la tâche. C'est alors qu'apparaît le fleuve Vulturne dont la domestication avait été le principal obstacle à l'avancée des travaux.*
Le texte est écrit en vers phaléciens, encore appelés hendécasyllabes (i.e. de onze syllabes), dont voici le schéma rythmique : ⏓ ⏓ / – ⏑ ⏑ – / ⏑ – ⏑ – ⏓

At **flavum** caput umidumque late
crinem mollibus impeditus **ulvis**

Volturnus levat ora maximoque
pontis° Caesarei reclinus arcu°
raucis talia **faucibus redundat** :
« Camporum° bone **conditor** meorum,
qui me vallibus° aviis° **refusum**
et ripas° habitare nescientem
recti legibus alvei° **ligasti** —
en nunc *ille ego **turbidus** minaxque*,
vix passus dubias prius carinas°,
jam pontem° fero perviusque° **calcor** ;
qui terras rapere et rotare silvas
adsueram (pudet !), amnis° esse coepi.
Sed **grates ago servitusque** tanti est,
quod *sub te duce*, te jubente, cessi,
quod tu maximus **arbiter** meaeque
victor perpetuus **legere** ripae°.
Et nunc limite° me colis beato
nec **sordere** sinis malumque late
deterges sterilis soli pudorem,
ne me **pulvereum** gravemque caelo
Tyrrheni sinus° **abluat** profundi
— qualis **Cinyphius** tacente ripa°
Poenos **Bagrada serpit** inter agros° —,
sed talis ferar, ut **nitente** cursu°
tranquillum mare proximumque possim
puro **gurgite** provocare **Lirim**. »
Haec Amnis° **pariterque** se levarat
ingenti **plaga marmorata** dorso°.
Hujus janua prosperumque limen
arcus°, belligeris ducis **tropaeis**
et totis **Ligurum** nitens **metallis**,
quantus **nubila** quo coronat **iris**.
Illic **flectit** iter° **citus** viator°,
illic Appia° se dolet relinqui.
Tunc velocior acriorque cursus°,
tunc ipsos **juvat** impetus jugales° ;

ceu fessis ubi remigum° **lacertis**
primae carbasa° **ventilatis**, aurae.
Nil obstat cupidis, nihil **moratur** :
qui primo Tiberim relinquit ortu,
primo vespere naviget° **Lucrinum**.

STACE, *Silves*, IV, 3, vers 67-109.

▷ Éclaircissements

flavus, *-a*, *-um* : « blond » (à cause du sable qu'il charrie) ▪ **crinis**, *-is*, m. : « chevelure » ▪ **ulva**, *-ae*, f. : « ulve » (herbe des marais) ▪ **Volturnus**, *-i*, m. : « le Vulturne », rivière de Campanie, la plus importante du sud de l'Italie ▪ **fauces**, *-ium*, f. pl. : « gorge, gosier » ▪ **redundare** : « déborder, parler d'abondance » ▪ **conditor**, *-oris*, m. : « organisateur » ▪ **refundo**, *-is*, *-ere*, *-fudi*, *-fusum* : « répandre » ▪ **ligare** : « lier, assujettir » ▪ **en**, interjection : « voici que » ▪ **turbidus**, *-a*, *-um* : « fougueux, turbulent » ▪ **calcare** : « fouler » ▪ **grates agere** : « rendre grâce (aux dieux) » ▪ **servitus**, *-utis*, f. : « servitude » ▪ **arbiter**, *-tri*, m. : « maître » ▪ **legere** (ou *-ris*) : « tu seras lu ». Le pont porte une inscription commémorative ▪ **sordeo**, *-es*, *-ere*, *-ui* : « être sale, croupir » ▪ **detergeo**, *-es*, *-ere*, *-tersi*, *-tersum* : « balayer, effacer » ▪ **sterilis**, *-is*, *-e* : « stérile ». Domitien avait fait draguer la rivière et assainir ses rives ▪ **pulvereus**, *-a*, *-um* : « poussiéreux, limoneux » ▪ **Tyrrheni** (*maris*) : « de la mer Tyrrhénienne » ▪ **abluo**, *-is*, *-ere*, *-lui*, *-lutum* : « nettoyer, purifier » ▪ **Cinyphius**, *-a*, *-um* : « des Syrtes, de Libye », épithète impropre, à valeur ornementale ▪ **Bagrada**, *-ae*, m. : « le Bagrada », fleuve de Numidie ▪ **serpo**, *-is*, *-ere*, *serpsi* : « ramper » ▪ **niteo**, *-es*, *-ere*, *nitui* : « luire, briller » ▪ **gurges**, *-itis*, m. : « tourbillon (d'eau), profondeur (d'un cours d'eau) » ▪ **Liris**, *-is*, m. : « le Liris », rivière à la frontière de la Campanie et du Latium ▪ **pariter**, adv. : « en même temps » ▪ **plaga**, *-ae*, f. : « étendue, bande, ruban » ▪ **marmoratus**, *-a*, *-um* : « revêtu de marbre », épithète hyperbolique ▪ **tropaeum**, *-i*, nt. : « trophée » ▪ **Ligures**, *-um*, m. pl. : « les Ligures ». Les carrières de Luna, en Ligurie, produisaient du marbre ▪ **metallum**, *-i*, nt. : « mine, carrière » ▪ **nubila**, *-orum*, nt. pl. : « nuées, nuages » ▪ **iris**, *-is* ou *-idis*, f. : « arc-en-ciel » ▪ **flecto**, *-is*, *-ere*, *flexi*, *flexum* : « infléchir, modifier, changer de » ■ **citus**, *-a*, *-um* : « pressé » ■ **juvo**, *-as*, *-are*, *juvi*, *jutum* (+ acc.) : « plaire à » ■ **ceu**, conj. : « comme » ■ **lacerti**, *-orum*, m. pl. : « muscles (des bras), bras » ■ **ventilare** : « éventer » ■ **morari** : « retarder » ■ **Lucrinus** (*lacus*) : « le lac Lucrin », en Campanie. Le mot désigne par métonymie le terme du voyage. Le trajet de Rome à Pouzzoles, par la nouvelle route, faisait 141 milles romains, soit 210 km.

▷ Exploitation grammaticale

1. Indiquez la fonction de *caput* et de *crinem,* vers 1 et 2.
2. Relevez les formes verbales syncopées.
3. Déterminez par la scansion l'identité de *legere,* vers 18.
4. Justifiez l'emploi du temps de *levarat,* vers 29.
5. Combien de figures de rhétorique le vers 33 comprend-il ?
6. Analysez le vers 34.

▷ Explication littéraire et stylistique

1. Par quels procédés Stace anime-t-il son poème ?
2. Quel rôle les comparaisons jouent-elles dans cette page ?
3. Étudiez le jeu des sonorités, vers 24-25. Quelle atmosphère contribue-t-il à créer ?
4. Étudiez dans le texte la combinaison des lieux communs et des éléments réalistes.
5. Estimez-vous que dans ces vers l'adulateur l'emporte sur le poète ? Justifiez votre réponse.

► UNE LETTRE DE RECOMMANDATION

Lors de leurs déplacements, les Romains de la bonne société recouraient volontiers à l'hospitalité amicale. Ils étaient sûrs de pouvoir être reçus chez ceux qui composaient le vaste cercle de leurs relations : non seulement leurs proches, mais aussi leurs connaissances, et naturellement les amis de leurs amis... Cela n'allait pas sans un certain protocole destiné à régler au mieux cet échange de services. La lettre qui suit nous en donne une illustration.
Écrite par Pline pour recommander son affranchi Zosime, elle nous rappelle en outre qu'au premier siècle déjà l'on n'hésitait pas à partir au loin pour recouvrer la santé.

C. Plinius Valerio Paulino suo **s.**

Video quam **molliter** tuos **habeas** : quo **simplicius** tibi **confitebor** qua indulgentia meos **tractem**. Est mihi semper in animo et **Homericum** illud **πατὴρ δ' ὣς ἤπιος ἦεν** et hoc nostrum « pater familiae ». Quod si essem natura asperior et durior, frangeret me tamen **infirmitas** liberti mei Zosimi, cui tanto major humanitas **exhibenda** est, quanto nunc illa magis **eget**. Homo probus, **officiosus**, **litteratus** ; et ars quidem ejus et quasi **inscriptio comoedus**, in qua plurimum facit. Nam **pronuntiat** acriter, sapienter, apte, **decenter** etiam ; utitur et cithara **perite**, ultra quam comoedo necesse est. Idem tam **commode** et orationes et historias et carmina legit, ut hoc solum didicisse videatur.

Haec tibi **sedulo** exposui, *quo magis scires* quam multa unus mihi et quam jucunda **ministeria** prestaret. Accedit longa jam **caritas** hominis, quam ipsa pericula **auxerunt**. Est enim ita natura comparatum, ut nihil aeque amorem incitet et accendat quam **carendi** metus quem ego pro hoc non **semel** patior. Nam ante aliquot annos, *dum* ***intente instanterque*** *pronuntiat*, **sanguinem rejecit** atque ob hoc in Aegyptum missus a me post longam peregrinationem° **confirmatus** rediit **nuper** ; deinde dum **per continuos dies** nimis imperat voci, veteris infirmitatis **tussicula admonitus** rursus sanguinem reddidit.

Qua ex causa **destinavi** eum mittere in **praedia** tua, quae **Foro Juli** possides. Audivi enim te saepe referentem esse ibi et **aera** salubrem et **lac** ejus modi **curationibus** accommodatissimum. Rogo ergo scribas tuis, ut illi villa, ut domus **pateat**, **offerant** etiam **sumptibus** ejus, si quid opus erit. Erit autem opus **modico**. Est enim tam **parcus** et **continens**, ut non solum **delicias**, verum etiam necessitates **valetudinis** frugalitate **restringat**. Ergo proficiscenti° tantum viatici° dabo, quantum sufficiat eunti in tua.

Vale.

PLINE le Jeune, *Lettres*, V, 19.

▷ Éclaircissements

s. : abréviation de *salutem dat*, formule de politesse usuelle ■ **molliter habere** : « traiter avec douceur » ■ **simpliciter**, adv. : « sans détour » ■ **confiteor**, *-eris, -eri, -fessus sum* : « avouer » ■ **tractare** (+ acc.) :

« s'occuper de » ■ **Homericus**, *-a*, *-um* : « d'Homère » ■ **πατὴρ δ' ὣς ἤπιος ἦεν** : « c'était le plus tendre des pères ». Homère emploie ces mots dans l'*Iliade* à propos de Priam, et à propos d'Ulysse dans l'*Odyssée* ■ **infirmitas**, *-atis*, f. : « maladie » ■ **exhibeo**, *-es*, *-ere*, *-hibui*, *-hibitum* : « montrer, faire preuve de » ■ **egeo**, *-es*, *-ere*, *egui* (+ abl.) : « avoir besoin de » ■ **officiosus**, *-a*, *-um* : « serviable » ■ **litteratus**, *-a*, *-um* : « cultivé » ■ **inscriptio**, *-onis*, f. : « signe distinctif ». Lorsqu'un esclave était vendu, l'usage était d'indiquer sur un écriteau ses qualités et ses compétences ; l'on était aussi tenu de signaler ses tares ou ses vices ■ **comoedus**, *-i*, m. : « comédien » ■ **pronuntiare** : « prononcer, déclamer, faire une lecture » ■ **decenter**, adv. : « harmonieusement » ■ **perite**, adv. : « en connaisseur » ■ **commode**, adv. : « bien » ■ **sedulo**, adv. : « consciencieusement, en détail » ■ **ministerium**, *-ii*, nt. : « service » ■ **caritas**, *-atis*, f. : « affection » ■ **augeo**, *-es*, *-ere*, *auxi*, *auctum* : « augmenter » ■ **careo**, *-es*, *-ere*, *carui*, *cariturus* (+ abl.) : « être privé de » ■ **semel**, adv. : « une fois » ■ **intente instanterque** : « avec une voix énergique et pleine d'intensité » ■ **rejicio**, *-is*, *-ere*, *-jeci*, *-jectum* : « rejeter » ; *sanguinem rejicere* : « cracher du sang » ■ **confirmatus**, *-a*, *-um* : « *revigoré* » ■ **nuper**, adv. : « il y a quelque temps » ■ **per continuos dies** : « pendant plusieurs jours de suite » ■ **tussicula**, *-ae*, f. : « petite toux » ■ **admoneo**, *-es*, *-ere*, *-ui*, *-itum* (*aliquem alicujus rei*) : « rappeler (qqch. à qqn.) » ■ **destinare** : « décider » ■ **praedium**, *-ii*, nt. : « propriété à la campagne, domaine » ■ **Forum Juli(i)** : « Forum Julien » (aujourd'hui Fréjus) ■ **aer**, *aeris*, m. (acc. de forme grecque *aera*) : « air » ■ **lac**, *lactis*, nt. : « lait » ■ **curatio**, *-onis*, f. : « soins, cure » ■ **pateo**, *-es*, *-ere*, *-ui* : « être ouvert » ■ **offero**, *-fers*, *-ferre*, *obtuli*, *oblatum* : « pourvoir » ■ **sumptus**, *-us*, m. : « frais, dépense » ■ **modico**, adv. : « peu » ■ **parcus**, *-a*, *-um* : « économe » ■ **continens**, *-ntis*, adj. : « sobre » ■ **deliciae**, *-arum*, f. pl. : « gâterie(s) » ■ **valetudo**, *-inis*, f. : « santé » ■ **restringo**, *-is*, *-ere*, *-strinxi*, *-strictum* : « restreindre, réduire ».

▷ Exploitation grammaticale

1. Identifiez les *quam* du texte.
2. Précisez le sens des adjectifs possessifs substantivés.

3. Justifiez le mode de *tractem*, ligne 3, de *praestaret*, ligne 13, et de *sufficiat*, ligne 28.
4. Quelle est la fonction de *natura*, ligne 14 ?
5. Relevez et classez les corrélatifs.

▷ Explication littéraire et stylistique

1. Quel est le mouvement du texte ? Précisez le rôle et le ton de chacune de ses parties.
2. Étudiez l'ordre des mots dans le membre de phrase : *et Homericum illud* πατὴρ δ' ὣς ἤπιος ἦεν *et hoc nostrum « pater familiae »*.
3. Grâce à quels procédés Pline préserve-t-il ses énumérations de l'uniformité ?
4. Relevez les expressions redondantes, notamment celles qui associent deux mots quasiment synonymes.
5. Comment qualifieriez-vous le style de Pline ? Justifiez votre réponse.
6. Ce genre de lettre demandait beaucoup de tact. A quel moment le doigté de l'auteur vous paraît-il le plus sensible ?

► L'EMPEREUR CALLIPIDES

Les quatre premiers successeurs du fondateur de l'Empire lui étaient apparentés. Comme ils appartenaient par Auguste à la gens Julia, *et qu'ils descendaient de Ti. Claudius Néron, cette dynastie est connue sous le nom de dynastie julio-claudienne. Les aberrations et les dépravations des empereurs qui la composent sont demeurées tristement célèbres : Tibère (14-37) doit sa réputation à sa cruauté et à ses perversions, Caligula (37-41) à sa démence, Claude (41-54) à son imbécillité. Quant à Néron (54-68), sa monstruosité est entrée dans la légende.*
Dans les quatre-vingt six chapitres que Suétone a consacrés à sa biographie, Tibère paraît sous deux visages. D'abord bon général et plutôt soucieux de l'intérêt public, il se retire brutalement dans l'île de Capri à la mort de ses deux fils : « À la faveur de la solitude et, pour ainsi dire, loin des regards de la ville, il laissa enfin déborder à la fois tous les vices qu'il avait longtemps mal dissimulés. » (chap. XLII).
Le chapitre trente-huit présente une bizarrerie de son comportement qui rend moins surprenante cette retraite subite.

Biennio continuo post **adeptum** imperium, **pedem** porta non **extulit**. Sequenti tempore **praeterquam** in propinqua oppida et, *cum longissime*,

Antio tenus nusquam afuit ; idque **perraro** et paucos dies, quamvis provincias quoque et exercitus **revisurum** se saepe **pronuntiasset** et **prope** quotannis profectionem° praepararet, vehiculis° **comprehensis**, **commeatibus**° per **municipia** et **colonias** dispositis, ad extremum **vota** pro itu° et reditu° suo **suscipi** passus, ut vulgo jam per **jocum** Callipides vocaretur, quem cursitare° ac ne **cubiti** quidem **mensuram** progredi° proverbio graeco **notatum** est.

SUÉTONE, *Vie des douze Césars*, Tibère, 38.

▷ Éclaircissements

biennium, *-ii*, nt. : « espace de deux ans » ▪ **continuus**, *-a*, *-um* : « ininterrompu » ▪ **adipiscor**, *-eris*, *-ipisci*, *adeptus sum* : « atteindre, obtenir » ▪ **pedem efferre** (+ abl.) : « mettre le pied hors de » ▪ **praterquam**, adv. : « excepté » ▪ **Antium**, *-ii*, nt. : « Antium », ville du Latium, à une cinquantaine de kilomètres de Rome ▪ **tenus**, postposition régissant un ablatif : « jusque » ▪ **perraro**, adv. : « très rarement » ▪ **reviso**, *-is*, *-ere*, *-visi*, *-visum* : « revenir voir » ▪ **pronuntiare** : « annoncer » ▪ **prope**, adv. : « presque » ▪ **comprehendo**, *-is*, *-ere*, *-di*, *-sum* : « réquisitionner » ▪ **commeatus**, *-us*, m. : « convoi », ici « relais » ▪ **municipium**, *-ii*, nt. : « municipe » (cité qui a accepté l'autorité de Rome tout en préservant une certaine autonomie) ▪ **colonia**, *-ae*, f. : « colonie » (ville fondée en territoire conquis) ▪ **votum**, *-i*, nt. : « vœu ». Il s'agit en l'occurrence de vœux publics et solennels ; *votum suscipere* : « se charger d'un vœu », c'est-à-dire prendre l'engagement de l'accomplir ▪ **jocus**, *-i*, m. : « plaisanterie » ▪ **cubiti mensura** : « coudée » (environ 45 cm) ▪ **notare** : « indiquer, noter ».

▷ Exploitation grammaticale

1. Relevez et classez les compléments circonstanciels de temps.
2. Analysez la construction de la dernière phrase et de la relative qui la conclut.
3. Identifiez la forme *vulgo*, ligne 7.
4. Comment le verbe *cursitare* est-il formé, ligne 8 ?
5. Précisez le sens des occurrences de *per* (préfixe et préposition) qui figurent dans le texte.

▷ Explication littéraire et stylistique

1. Quel est le type du texte ?
2. Sur quel ton cette page est-elle écrite ?
3. D'où vient le laconisme de la proposition *idque perraro et paucos dies*, ligne 3 ?
4. À quel style la formule *pro itu et reditu suo* appartient-elle, ligne 7 ?
5. Comment la singularité du comportement de Tibère est-elle mise en évidence ?
6. Suétone ne juge pas plus qu'il n'analyse. Vous semble-t-il pour autant respecter dans cette page la neutralité qui convient à l'historien ?

▶ « LE VÉRITABLE AMPHITRYON... »

Dans les Métamorphoses, *Apulée nous transporte sur les chemins de la Grèce du second siècle après J.-C., sur les traces de l'imprudent Lucius : alors qu'il voulait se changer en oiseau ce dernier s'est transformé en âne ! Ce roman picaresque permet à l'écrivain de se livrer sans retenue au plaisir de raconter des histoires souvent très libres et volontiers cyniques, à la manière de ce qu'on appelait alors les histoires de Milet (*Milesiae fabulae*).*
À la fin du premier livre le héros, qui se rend en Thessalie pour affaires, est accueilli chez un certain Milon, une relation de son ami Déméas. C'est pour le jeune homme l'occasion de vérifier que, comme le disait Molière,

« Le véritable Amphitryon
Est l'Amphitryon où l'on dîne. »

Intuli me eumque **accumbentem** exiguo admodum **grabatulo** et **commodum** cenare incipientem invenio. **Assidebat pedes** uxor et **mensa** vacua posita, cujus **monstratu** « **En**, inquit, hospitium° ». « Bene » ego, et ilico ei litteras **Demeae** trado. Quibus **properiter** lectis : « Amo, inquit, meum Demean qui mihi tantum **conciliavit** hospitem° », et cum dicto jubet uxorem decedere utque in ejus locum adsidam jubet meque etiam nunc **verecundia cunctantem** adrepta **lacinia** detrahens : « Adside, inquit, istic. Nam prae metu **latronum** nulla **sessibula ac ne** sufficientem **supellectilem** parare nobis licet. » Feci. Et sic « Ego te, inquit, etiam de ista corporis **speciosa** habitudine deque hac virginali **prorsus** verecundia generosa **stirpe** proditum et recte conjicerem. Sed **et** meus Demeas eadem litteris pronuntiat. Ergo brevitatem gurgustioli° nostri ne **spernas** peto. Erit tibi adjacens en ecce illud cubiculum° honestum **receptaculum**. *Fac* libenter *deverseris*° in nostro. Nam et *majorem domum* ***dignatione*** *tua feceris* et tibi **specimen gloriosum adrogaris**, si contentus **lare** parvulo Thesei illius **cognominis** patris tui virtutes **aemulaveris**, qui non est **aspernatus Hecales anus** hospitium° tenue », et vocata **ancillula** : « Photis, inquit, sarcinulas° hospitis° susceptas cum fide conde in illud cubiculum° ac simul ex **promptuario** olem **unctui** et **lintea tersui** et cetera **hoc** eidem usui profer **ociter** et hospitem° meum produc ad proximas balneas ; satis arduo itinere° atque **prolixo** fatigatus est. » [...]

Lautus ad hospitium° Milonis ac **dehinc** cubiculum° me reporto. Et ecce Photis ancilla : « Rogat te, inquit, hospes°. » At ego jam inde Milonis abstinentiae cognitor excusavi **comiter**, quod viae° **vexationem** non cibo sed somno censerem **diluendam**. Isto accepto pergit ipse et **injecta** dextera clementer me trahere **adoritur**. Ac dum **cunctor**, dum modeste **renitor**, « Non prius, inquit, discedam quam me sequaris », et dictum **jure jurando** secutus jam obstinationi suae me **ingratis oboedientem** perducit ad illum suum grabatulum et residenti : « Quam salve agit, inquit, Demeas noster ? Quid uxor ? Quid liberi ? Quid **vernaculi** ? » Narro singula. **Percontatur accuratius** causas etiam peregrinationis° meae. Quas ubi probe protuli, jam et de patria nostra et ejus **primoribus** ac denique de ipso **praeside** scrupulosissime explorans, ubi me post itineris° tam saevi vexationem sensit **fabularum** quoque **serie** fatigatum in verba media somnolentum **desinere** ac **necquiquam**, defectum jam, incerta verborum **salebra balbuttire**, tandem patitur **cubitum** concederem. Evasi **aliquando rancidi** senis loquax et famelicum convivium somno non cibo **gravatus**, **cenatus** solis fabulis, et in cubiculum° reversus optatae me quiete reddidi.

APULÉE, *Les Métamorphoses*, I, 22-26.

▷ Éclaircissements

accumbo, *-is*, *-ere*, *-cubui*, *-cubitum* : « s'étendre (sur le lit de table), prendre place » ▪ **grabatulus**, *-i*, m. : « petit grabat » (diminutif de *grabatus*, *-i*, m.) ▪ **commodum**, adv. : « justement » ▪ **pedes assidere** : « être assis aux pieds de ». L'ancien usage voulait qu'à table les hommes fussent couchés et les femmes assises. Mais à l'époque d'Apulée cela faisait des lustres que ces dernières avaient abandonné cette coutume ■ **mensa**, *-ae*, f. : « table » ■ **monstratus**, *-us*, m. : « action de montrer » ■ **en**, interjection : « voici » ■ **Demea**, *-ae*, m. (acc. *Demean*) : « Déméas », ami de Lucius ■ **properiter**, adv. : « rapidement, vivement » ■ **conciliare** : « faire connaître » ■ **verecundia**, *-ae*, f. : « réserve, timidité » ■ **cunctari** : « hésiter » ■ **lacinia**, *-ae*, f. : « pan, bord du vêtement » ■ **latro**, *-onis*, m. : « voleur » ■ **sessibulum**, *-i*, nt. : « siège » ■ **ac ne** : « ni à plus forte raison, sans parler de ». Cette façon de renchérir après une négation n'est pas classique (cf. *nedum*) ■ **supellex**, *-lectilis*, f. : « mobilier » ■ **speciosus**, *-a*, *-um* : « de belle apparence, élégant » ■ **prorsus**, adv. : « tout à fait, vraiment » ■ **stirps**, *stirpis*, f. : « souche, origine » ■ **et**, adv. : « aussi » ■ **sperno**, *-is*, *-ere*, *sprevi*, *spretum* : « repousser, dédaigner » ■ **receptaculum**, *-i*, nt. : « abri » ■ **dignatio**, *-onis*, f. : « égards, considération » ■ **specimen gloriosum adrogare** : « acquérir un titre de gloire » ■ **lar**, *laris*, m. : « lare (dieu du foyer), maison » ■ **cognominis**, *-is*, *-e* (+ gén.) : « qui porte le même nom (que) » ■ **aemulare** (en général *aemulari*) : « être l'émule de, égaler » ■ **aspernari** : « repousser » ■ **Hecale**, *-es*, f. : « Hécalé », vieille femme pauvre qui accorda l'hospitalité à Thésée ■ **anus**, *-us*, f. : « vieille femme » ■ **ancillula**, *-ae*, f. : « petite servante » (diminutif de *ancilla*) ■ **promptuarium**, *-ii*, nt. : « réserve » ■ **unctus**, *-us*, m. : « action de frictionner » ■ **linteum**, *-i*, nt. : « linge » ■ **tersus**, *-us*, m. : « action de s'essuyer » ■ **hoc**, adv : = *huc* ■ **ociter**, adv. : « promptement » ■ **prolixus**, *-a*, *-um* : « interminable ■ **lavo**, *-as*, *-are*, *lavi*, *lavatum* (part. passé *lautus*) : « laver ». Au passif, « se baigner » ■ **dehinc**, adv. : = *deinde* ■ **comiter**, adv. : « poliment » ■ **vexatio**, *-onis*, f. (*viae*, *itineris*) : « les fatigues du voyage » ■ **diluo**, *-is*, *-ere*, *-lui*, *-lutum* : « dissiper, effacer » ■ **injicio**, *-is*, *-ere*, *-jeci*, *-jectum* (*alicui manum*) : « poser la main sur qqn. » ■ **adorior**, *-eris*, *-iri*, *-ortus sum* : « entreprendre » ■ **renitor**, *-eris*, *-niti*, *-nisus sum* : « résister » ■ **jusjurandum**, *-i* (ou *juris jurandi*), nt. : « serment » ■ **ingratis**, adv. : « à regret, à contrecœur » ■ **oboedio**, *-is*, *-ire*, *-ii* ou *-ivi*, *-itum* : « obéir » ■ **vernaculi**, *-orum*, m. pl. : « esclaves (nés à la maison) » ■ **percontari** (+ acc.) : « s'enquérir de » ■ **accurate**, adv. : « avec soin » ■ **primores**, *-um*, m. pl. : « les notables » ■ **praeses**, *-idis*, m. : « gouverneur » ■ **fabularum series**, *-ei*, f. : « conversation prolongée » ■ **desino**, *-is*, *-ere*, *-sii*, *-situm* : « cesser, s'arrêter » ■ **necquiquam**, adv. : « en vain, sans succès » ■ **salebra**, *-ae*, f. : « terrain accidenté (qui empêche d'avancer) » ■ **balbuttio**, *-is*, *-ire*, *-ivi* : « balbutier, bredouiller » ■ **cubo**, *-as*, *-are*, *cubui*, *cubitum* : « se coucher » ■ **aliquando**, adv. : « enfin » ■ **rancidus**, *-a*, *-um* : « insupportable » ■ **gravatus**, *-a*, *-um* : « lourd » ■ **cenatus**, *-a*, *-um* : « qui a dîné ».

▷ Exploitation grammaticale

1. Quelle est la fonction de *monstratu,* ligne 3, et de *residenti,* ligne 30 ?
2. Justifiez le mode et le temps de *conjicerem,* ligne 12.
3. Exprimez sous forme d'une subordonnée le groupe *jam inde Milonis abstinentiae cognitor,* ligne 24.
4. Justifiez le cas de *verba media,* ligne 36.
5. Étudiez l'expression de l'ordre et de la volonté.
6. Relevez les participes présents et indiquez ceux qui marquent la concomitance.

▷ Explication littéraire et stylistique

1. Étudiez l'insertion du discours dans le récit.
2. À quoi la narration doit-elle sa vivacité ?
3. Quel portrait de Milon ses paroles permettent-elles de tracer ?
4. Quels rapprochements peut-on faire entre cette page et une scène de théâtre ?
5. À quel genre de comique avons-nous affaire ici ?
6. Sur quelle note la dernière phrase conclut-elle ce passage ?

► LA ROUTE DU MONT-GENÈVRE

*Parmi les digressions qui fleurissent dans l'*Histoire *d'Ammien Marcellin, celles qu'il consacre à la géographie se taillent la part du lion. Le fruit de ses lectures s'y trouve mêlé aux souvenirs de l'ancien officier qui avait sillonné au cours de sa carrière l'empire d'Orient et d'Occident. Si nous avons oublié combien la nature peut faire obstacle à la circulation des hommes, c'est une réalité que ne pouvait ignorer un homme que son devoir avait jeté sur les routes par tous les temps et quelle que fût la saison.*

La page qui suit nous rappelle ainsi à quels périls s'exposait celui qui voulait passer les Alpes en hiver.

In his **Alpibus Cottiis**, quarum initium a **Segusione** est oppido, **praecelsum** erigitur jugum°, nulli **fere** sine **discrimine** penetrabile. Est enim e Galliis venientibus **prona humilitate devexum**, pendentium saxorum **altrinsecus** visu terribile, **praesertim verno** tempore, cum, liquente **gelu** nivibusque solutis **flatu calidiore** ventorum, per diruptas **utrimque** angustias° et **lacunas pruinarum** congerie **latebrosas**, descendentes cunctantibus **plantis** homines et jumenta° procidunt et carpenta° ; *idque remedium* ad **arcendum exitium** repertum est solum, *quod* pleraque vehicula° vastis **funibus illigata**, **pone** cohibente virorum vel boum **nisu** valido, vix **gressu reptante** *paulo tutius* devolvuntur. Et haec, ut diximus, anni **verno** contingunt. Hieme vero humus **crustata** frigoribus et tamquam **levigata** ideoque labilis **incessum**° **praecipitantem impellit** ; et **patulae** valles° per **spatia plana** glacie perfidae vorant non nunquam transeuntes. Ob quae locorum **callidi** eminentes ligneos **stilos** per cautiora **defigunt**, ut eorum **series** viatorem° ducat **innoxium** ; qui si nivibus **operti** latuerint aut **montanis** defluentibus rivis eversi, **calles**° **agrestibus** praeviis° difficile **pervaduntur**. A summitate autem hujus Italici clivi°, **planities** ad usque stationem° nomine Martis per septem extenditur milia, et hinc alia celsitudo° erectior, **aegreque** superabilis, ad **Matronae** porrigitur **verticem**°, cujus **vocabulum** casus feminae nobilis dedit. Unde declive° quidem iter°, sed **expeditius**, ad usque castellum **Brigantiam** patet.

AMMIEN MARCELLIN, *Histoire*, XV, 10, 3-5.

▷ Éclaircissements

Alpibus Cottiis : « Alpes Cottiennes », entre la Savoie et les Alpes-Maritimes ■ **Segusio**, *-onis*, f. : ville d'Italie Transpadane (actuellement Suse, non loin de Turin) ■ **praecelsus**, *-a*, *-um* : « très élevé » ■ **fere**, adv. : « presque » ■ **discrimen**, *-inis*, nt. : « situation critique, danger » ■ **est prona humilitate devexum** : « s'abaisse en pente douce » ■ **altrinsecus**, adv. : « de l'autre côté » ■ **praesertim**, adv. : « surtout » ■ **vernus**, *-a*, *-um* : « du printemps, printanier » ■ **gelu**, nt. indécl. : « glace » ■ **flatus**, *-us*, m. : « souffle » ■ **calidus**, *-a*, *-um* : « chaud » ■

utrimque, adv. : « de part et d'autre, de chaque côté » ■ **lacuna**, *-ae*, f. : « crevasse » ■ **pruina**, *-ae*, f. : « frimas, neige » ■ **latebrosus**, *-a*, *-um* : « caché » ■ **planta**, *-ae*, f. : « plante du pied, pied » ■ **arceo**, *-es*, *-ere*, *arcui* : « écarter, empêcher » ■ **exitium**, *-ii*, nt. : « issue fatale, perte » ■ **funis**, *-is*, m. : « corde » ■ **illigare** : « attacher » ■ **pone**, adv. : « en arrière » ■ **nisus**, *-us*, m. : « action de s'arc-bouter » ■ **gressus**, *-us*, m. : « pas » ■ **reptare** : « marcher avec peine, se traîner » ■ **vernum**, *-i*, nt. : « printemps » (cf. *verno tempore*, ligne 4) ■ **crustare** : « couvrir d'une croûte » (de glace) ■ **levigare** : « rendre lisse » ■ **praecipitare** : « perdre l'équilibre » ■ **impello**, *-is*, *-ere*, *-puli*, *-pulsum* : « faire chuter » ; *incessum praecipitantem impellit* : « déséquilibre la marche et provoque des chutes » ■ **patulus**, *-a*, *-um* : « large, ouvert » ■ **spatia plana** : « espaces dégagés » ■ **callidus**, *-a*, *-um* (+ gén.) : « qui a l'expérience de » ■ **stilus**, *-i*, m. : « pieu » ■ **series**, *-ei*, f. : « rangée » ■ **defigo**, *-is*, *-ere*, *-fixi*, *-fixum* : « ficher, enfoncer » ■ **innoxius**, *-a*, *-um* : « sans dommage, sain et sauf » ■ **operio**, *-is*, *-ire*, *-perui*, *-pertum* : « recouvrir » ■ **montanus**, *-a*, *-um* : « de montagne » ■ **calles pervadere** : « passer par les sentiers » ■ **agrestes**, *-ium*, m. pl. : « les populations locales, les indigènes » ■ **planities**, *-ei*, f. « plateau » ■ **aegre**, adv. : « avec peine, difficilement » ■ **Matronae vertex** : « le sommet de la Matrone » (aujourd'hui le Mont-Genèvre) ■ **vocabulum**, *-i*, nt. : « dénomination, nom » ■ **expeditus**, *-a*, *-um* : « aisé » ■ **Brigantia**, *-ae*, f. : « Briançon ».

▷ Exploitation grammaticale

1. Comment analysez-vous le groupe nominal *a Segusione oppido*, ligne 1 ?
2. Étudiez la construction de la seconde phrase.
3. Quelle est la fonction de *innoxium*, ligne 16 ?
4. Quelle est la valeur circonstancielle du groupe *agrestibus praeviis*, ligne 17 ?
5. Relevez les passifs de sens réfléchi.

▷ Explication littéraire et stylistique

1. Ammien Marcellin souligne fortement les articulations du texte. Pourquoi utilise-t-il une asyndète, phrase 2 ?

2. Étudiez l'ordre des mots de *descendentes... carpenta*, lignes 7-8. Quel est l'effet produit ?
3. Il arrive à l'auteur d'utiliser des expressions compliquées. Reformulez sous une forme plus simple celles que vous avez pu repérer.
4. Étudiez dans cette description les notations pittoresques.
5. Ce passage est une digression dans le livre XV de l'*Histoire* d'Ammien. Précisez ce qui en fait l'intérêt.

► CABOTAGE

À l'automne de l'an 417 Rutilius Namatianus, ancien préfet de Rome, décida de rentrer en Gaule. La période troublée rendait les routes très incertaines et il choisit de prendre la mer.

*L'*Itinéraire *(*De reditu suo*) qu'il composa en cette occasion s'inscrit dans une tradition qui va de Lucilius, auteur au second siècle avant J.-C. d'un* Voyage à Capoue, *à Sidoine Apollinaire (seconde moitié du cinquième siècle), en passant par le* Voyage à Brindes *d'Horace. Il s'agit non d'un journal de bord, mais d'un poème en deux chants où, suivant une formule assurée, s'entrelacent hommages, descriptions pittoresques et tableaux de genre. Le récit laisse malgré tout entrevoir dans quelles conditions s'effectuait alors ce genre de navigation.*

Tangimus **Umbronem** : non est **ignobile** flumen°
  quod tuto **trepidas** excipit ore° **rates**° ;
tam facilis **pronis** semper patet alveus° undis,
  in pontum° quoties saeva **procella** ruit.
Hic ego tranquillae volui *succedere ripae*°,
  sed nautas° avidos longius ire sequor.
Sic **festinantem** ventusque diesque reliquit :
  nec **proferre pedem** nec **revocare** licet.
Litorea° noctis requiem **metamur** arena ;
  dat **vespertinos myrtea** silva focos.
Parvula subjectis facimus **tentoria** remis° :
  transversus subito **culmine contus**° erat. [...]
In **Volaterranum**, vero Vada° nomine, **tractum**
  ingressus° dubii tramitis° alta lego°.
Despectat prorae° **custos**° clavumque° sequentem
  dirigit et puppim° voce monente regit.

Incertas **gemina** discriminat arbore fauces°
defixasque offert limes° uterque **sudes**.
Illis **proceras** mos est **adnectere** lauros
conspicuas ramis et **fruticante coma**,
ut praebente **ulvam** densi **symplegade limi**
servet inoffensas semita° clara **notas**.
Illic me rapidus consistere Corus° adegit,
qualis silvarum frangere **lustra** solet.
Vix tuti domibus saevos toleravimus imbres. [...]
Inde **Triturritam** petimus : sic villa vocatur
quae **latet** expulsis **insula paene** fretis°.
Namque manu junctis procedit in aequora° saxis
quique domum posuit condidit ante solum.
Contiguum **stupui** portum° quem fama **frequentat**
pisarum emporio divitiisque maris.
Mira loci facies : pelago° pulsatur aperto
inque omnes ventos litora° nuda patent.
Non ullus tegitur per **brachia** tuta **recessus**
aeolias possit qui prohibere **minas**.
Sed procera suo **praetexitur alga** profundo°
molliter **offensae** non **nocitura** rati° ;
et tamen insanas **caedendo interrigat** undas
nec sinit ex alto° grande **volumen** agi.

RUTILIUS NAMATIANUS, *Itinéraire*, I, vers 337-540.

▷ Éclaircissements

Umbro, *-onis*, m. : « l'Umbro » (rivière d'Étrurie) ■ **ignobilis**, *-is*, *-e* : « inconnu, sans renom » ■ **trepidas rates** : « bateaux en détresse » ■ **pronus**, *-a*, *-um* : « incliné, en pente ». Pour une rivière, « au courant rapide » ■ **procella**, *-ae*, f. : « bourrasque » ■ **festinari** : « se hâter » ■ **proferre pedem** : « avancer ». Antonyme de *revocare pedem* ■ **metari** : « arpenter, délimiter » ; d'où « fixer l'emplacement d'un camp, installer » ■ **vespertinus**, *-a*, *-um* : « du soir » ■ **myrteus**, *-a*, *-um* : « de myrte, planté de myrtes » ■ **tentorium**, *-ii*, nt. : « tente » ■ **transversus contus** : « une gaffe jetée en travers » ■ **culmen**, *-inis*, nt. : « faîte » ■ **Volaterranus**, *-a*, *-um* : « de Volaterres », en Étrurie (aujourd'hui

Volterra) ■ **tractus**, *-us*, m. : « zone, région », ici « les eaux » ■ **despectat prorae custos** : « de la proue le pilote inspecte (le fond) », cf. *succedere ripae*, vers 5 ■ **geminus**, *-a*, *-um* : « jumeau, deux (formant une paire) » ■ **sudis**, *-is*, f. : « pieu » ■ **procerus**, *-a*, *-um* : « haut, grand » ■ **adnecto**, *-is*, *-ere*, *-nexui*, *-nexum* : « attacher » ■ **coma**, *-ae*, f. : « chevelure ». Par image, « frondaison » ■ **fruticante coma** : « par leur feuillage touffu » ■ **ulva**, *-ae*, f. : « herbe (des marais) » ■ **symplegade**, abl. : « la tenaille ». Image recherchée : les Symplégades, ou Cyanées, sont à proprement parler deux îlots à l'entrée du Pont-Euxin. Ils se rapprochaient, dit la légende, pour écraser les bateaux qui s'aventuraient dans le passage ■ **limus**, *-i*, m. : « boue » ■ **nota**, *-ae*, f. : « marque, repère » ■ **lustrum**, *-i*, nt. : « tanière, lieu sauvage, hallier » ■ **Triturrita**, *-ae*, f. : lieu-dit d'Étrurie ■ **lateo**, *-es*, *-ere*, *latui* : « être caché, être à l'abri » ■ **insula paene** : = *paeninsula*°, « presqu'île » ■ **stupeo**, *-es*, *-ere*, *stupui* : « s'extasier sur » ■ **frequentare** : « peupler » ■ **Pisae**, *-arum*, f. pl. : « Pise » (ville d'Étrurie) ■ **emporium**, *-ii*, nt. : « entrepôt », ici « marchandises » ■ **brachium**, *-ii*, nt. : « bras, môle, jetée » ■ **recessus**, *-us*, m. : « havre » ■ **Aeolias minas** : « les menaces d'Éole », le maître des vents ■ **praetexo**, *-is*, *-ere*, *-texui*, *-textum* : « border » ■ **alga**, *-ae*, f. : « algue » ■ **offendo**, *-is*, *-ere*, *-fendi*, *-fensum* : « heurter » ■ **noceo**, *-es*, *-ere*, *nocui*, *nocitum* (+ dat.) : « nuire à » ■ **caedere** : « briser, fendre ». Les algues sont en quelque sorte un brise-lames naturel ■ **interrigare** : « faire couler en filets » ■ **volumen**, *-inis*, nt. : « lame, rouleau ».

▷ Exploitation grammaticale

1. Quelle est la fonction de la proposition *tam... undis*, vers 3 ?
2. Quelle est la valeur circonstancielle de l'ablatif absolu, vers 21 ?
3. Précisez la fonction de *insula*, vers 27.
4. Quelle nuance le possessif *suo* exprime-t-il, vers 36 ?
5. Indiquez la fonction des groupes à l'ablatif seul.
6. Étudiez l'emploi de l'indicatif présent.

▷ Explication littéraire et stylistique

1. Par quels moyens Namatianus donne-t-il à son poème l'allure de notes prises sur le vif ?

2. Précisez le centre d'intérêt de chacun des passages. Comment justifiez-vous les choix de l'auteur ?
3. Relevez les épithètes à valeur descriptive.
4. Quelle est la tonalité des vers 9 et 35 ?
5. Quel but Namatianus poursuivait il, selon vous, en écrivant son *Itinéraire* ?

▷ Prolongement

Horace accompagne Mécène à Brindes. Au soir du troisième jour les voyageurs choisissent d'emprunter la voie d'eau qui traverse les marais Pontins.

Jam nox inducere terris
umbras et caelo diffundere signa parabat ;
tum pueri nautis, pueris convicia nautae
ingerere : « Huc appelle ! », « Trecentos inseris ? », « Ohe,
jam satis est ! » Dum aes exigitur, dum mula ligatur,
tota abit hora. Mali culices ranaeque palustres
avertunt somnos. Absentem ut cantat amicam
multa prolutus vappa nauta atque viator
certatim, tandem fessus dormire viator
incipit, ac missae pastum retinacula mulae
nauta piger saxo religat stertitque supinus.
Jamque dies aderat, nil cum procedere lintrem
sentimus, donec cerebrosus prosilit unus
ac mulae nautaeque caput lumbosque saligno
fuste dolat ; quarta vix demum exponimur hora.
Ora manusque tua lavimus, Feronia, lympha.
Milia tum pransi tria repimus atque subimus
impositum saxis late candentibus Anxur.

HORACE, *Satires*, I, 5.

Déjà la nuit s'apprêtait à couvrir d'ombre la terre et à semer les étoiles par le ciel. A ce moment esclaves et mariniers échangent une bordée d'invectives : « Aborde par ici ! », « Tu y cases un bataillon ? », « Hé, maintenant y a plus de place ! » Le temps de réclamer la monnaie et d'atteler la mule, une heure s'est envolée. Les maudits moustiques et les grenouilles des marais nous empêchent de dormir. Copieusement arrosés de piquette, un voyageur et le marinier chantent à qui mieux mieux l'absence de leur belle. Puis le voyageur fatigué finit par s'endormir, et l'ardeur du marinier faiblit : il envoie paître sa mule, attache sa corde à un caillou et le voilà qui ronfle, allongé sur le dos.

Déjà le jour arrivait quand nous réalisons que la barque fait du surplace. La tête près du bonnet, l'un de nous saute alors à terre, et dégrossit avec une baguette de saule la tête et le dos de la mule et du marinier. On nous débarque au mieux à la quatrième heure. Ton onde, ô Féronie[1], lave nos chefs et nos mains ! Puis après déjeuner nous nous traînons pendant trois milles avant d'arriver à Anxur[2] juchée sur ses rochers qui montrent au loin leur blancheur éclatante.

1. Divinité à qui est consacrée la source qui coule en ce lieu.
2. Anxur est l'ancien nom de Terracine.

Dans quelle mesure Rutilius Namatianus vous semble-t-il être l'héritier d'Horace ?

Répertoire grammatical

abstineas avidas manus (Tibulle, p. 47) : « veuille écarter tes mains avides » (emploi du subjonctif de volonté à la seconde personne pour exprimer une prière).

animum concussus (Virgile, p. 38) : « navré dans son cœur » (les poètes emploient l'accusatif de relation avec des substantifs désignant une partie du corps. Le tour est imité du grec).

audeat ne quis (Tibulle, p. 47) : « que personne n'ose » (après *si*, *nisi*, *ne*, *num*, *cum*, on emploie l'indéfini *quis* au lieu de *aliquis*).

cum longissime (Suétone, p. 68) : « au plus loin » (emploi de *cum* suivi d'un superlatif pour marquer la limite extrême d'une action ou d'un état).

cum vis venti coorta esset, succendunt (Tite-Live, p. 45) : « comme un vent violent s'était levé, ils mettent le feu » (concordance au passé avec un présent historique).

dum intente instanterque pronuntiat (Pline, p. 66) : « tandis qu'il faisait une lecture d'une voix énergique et pleine d'intensité » (*dum* exprimant la concomitance dans un récit au passé se construit avec l'indicatif présent).

fac deverseris (Apulée, p. 71) : « tâche de séjourner » (à l'instar de *noli* ou de *cave*, *fac* suivi du subjonctif seul a fini par jouer le rôle d'un auxiliaire).

gubernatores agnoscere ipsos auram maris indicant regi (Quinte-Curce, p. 60) : « les pilotes signalent au roi qu'ils reconnaissent le vent de la mer » (à l'époque impériale *ipse* se substitue au réfléchi sans motif particulier).

id remedium ..., quod (Ammien Marcellin, p. 74) : « ce remède : ... » (complétive introduite par *quod* développant un substantif).

illa sui (*modum statuat*) (Ovide, p. 53) : « qu'elle mette un terme à son existence » (le génitif du pronom personnel signifie primitivement « de mon (ton...) être, de mon existence, de ma personne »).

ille ego turbidus minaxque (Stace, p. 63) : « moi autrefois emporté et menaçant » (emploi de *ille* pour marquer l'éloignement dans le temps).

majorem domum dignatione tua feceris (Apulée, p. 71) : « l'honneur que tu feras à cette maison la rendra plus considérable » (futur antérieur sans valeur de perfectum).

ne parce (Horace, p. 43) : « ne t'abstiens pas » (l'association de *ne* et de l'impératif pour exprimer la défense ne se rencontre pas dans la prose classique).

oculosque sub astra tenebat (Virgile, p. 37) : « et il tenait les yeux fixés sur les astres » (l'accusatif avec *sub* peut marquer simplement la direction, et non le terme du mouvement).

paulo tutius (Ammien Marcellin, p. 74) : « un peu plus en sécurité » (devant un comparatif on utilise les adverbes *multo*, *tanto*, *quanto*, *paulo*… au lieu de *multum*, *tantum*, *quantum*, *paulum*…).

placeat sibi quisque licebit (Ovide, p. 50) : « chacun est libre d'avoir de soi une haute opinion » (futur atemporel exprimant une vérité générale).

prima quaeque (*regio*) (Sénèque, p. 55) : « la première région venue » (*quisque* exprime parfois l'indistinction, l'indifférence).

quae te facit plurimi (Cicéron, p. 32) : « qui t'estime vraiment beaucoup » (verbe d'estimation complété par un adverbe de degré au génitif de prix).

quis veneris (Sénèque, p. 55) : « dans quel état tu es venu » (emploi de *quis* pour interroger non sur l'identité, mais sur l'état, la qualité).

quo magis scires (Pline, p. 66) : « afin que vous sachiez mieux » (quand une subordonnée de but contient un comparatif, elle est d'ordinaire introduite par *quo* [proprement « à la suite de quoi », d'où « pour que de ce fait »]).

quo major vis aquae se incitavisset, hoc artius… (César, p. 35) : « plus la violence du courant était grande, plus étroitement… » (emploi des corrélatifs *quo*… *eo* (*hoc*) suivis de comparatifs pour marquer une comparaison proportionnelle).

sit inclusus (Sénèque, p. 57) : « (la poussière) se trouve enfermée » (valeur aspectuelle du parfait).

suae dignitatis esse (César, p. 35) : « convenait à sa dignité » (emploi attributif du génitif de possession).

sub te duce (Stace, p. 63) : « sous ta conduite » (construction appositionnelle régie par une préposition).

succedere ripae (Rutilius Namatianus, p. 76) : « aborder la rive » (les verbes préfixés marquant le mouvement ou le déplacement se construisent soit avec reprise du préverbe comme préposition, quand le verbe est pris au sens propre, soit avec le datif, quand il prend un sens abstrait ou figuré. Dans le premier cas cependant les poètes utilisent aussi la seconde construction).

usque ad a. d. XVI. Kal. Dec. (Cicéron, p. 31) : « jusqu'au 15 novembre » (dans les formules de datation, la préposition *ante* était couramment placée en tête, régissant de ce fait un groupe composite à l'accusatif : ainsi *die sexto decimo ante Kalendas Decembres* était transformé en *ante diem sextum decimum Kalendas Decembres.* Le groupe ainsi obtenu n'était plus analysé et pouvait donc être régi à son tour par *ad*, *usque ad* ou *in*).

utque viam teneas (Ovide, p. 50) : « et à supposer que tu tiennes le cap » (emploi du subjonctif éventuel accompagné de la particule indéfinie *ut* [« d'une manière ou d'une autre »] pour exprimer une supposition, avec une nuance de concession. La particule a fini par être prise pour une conjonction de subordination).

vites aequora (Horace, p. 41) : « tâche d'éviter les flots » (emploi du subjonctif présent à la seconde personne pour exprimer l'ordre avec une nuance d'admonition ou de conseil).

Glossaire

acclivis, *-is*, *-e* : « en pente » (vue d'en bas), cf. *declivis*.

aequor, *-oris*, nt. : « plaine ». *Aequora* (*ponti*) : « les plaines de la mer, la mer ».

aestus, *-us*, m. : « marée ».

Africus, *-i*, m. : « l'Africus » (vent de sud-ouest).

ager, *agri*, m. : « champ, territoire » ; au pluriel : 1) « les champs, la campagne » 2) « les terres (par opposition à la mer) ».

altum, *-i*, nt : « le large, la haute mer ».

alveus, *-i*, m. : « lit (de rivière) ».

amnis, *-is*, m. : « fleuve, rivière » (cours d'eau à fort courant).

anfractus, *-us*, m. : « lacet ».

angustiae, *-arum*, f. pl. : « gorge, défilé ».

antemna, *-ae*, f. : « antenne » (sorte de longue vergue).

Appia (*via*) : « la voie Appienne ». Cette route reliait Rome au port de Brindes, d'où se faisaient les embarquements pour la Grèce ou pour l'Orient. Commencée en 312 av. J.-C. par Appius Claudius Caecus elle fut la première des voies romaines et en resta le prototype.

applicare (*navem*, *classem*) : « aborder ».

Aquilo, *-onis*, m. : « l'Aquilon » (vent de nord).

arcus, *-us*, m. : « arc, arche ».

arduus, *-a*, *-um* : « abrupt, raide, escarpé ».

Auster, *-tri*, m. : « l'Auster » (vent de sud).

avius, *-a*, *-um* : « impraticable, inaccessible ». (cf. *pervius*).

axis, *-is*, m. : « axe, essieu, char ».

barbaria, *-ae*, f. : « pays étranger (hormis l'Italie et la Grèce), le monde barbare ».

cacumen, *-inis*, nt. : « pointe, sommet ».

callis, *-is*, m. : « sente, sentier ».

campus, *-i*, m. : « plaine ».

carbasus, *-i*, f. (pl. *carbasa*, *-orum*, nt.) : « toile de lin, voile ».
carina, *-ae*, f. : proprement, « coquille de noix ». D'où « carène, embarcation ».
carpentum, *-i*, nt. : « voiture » (véhicule couvert à deux roues).
caupona, *-ae*, f. : « taverne, auberge ».
celsitudo, *-inis*, f. : « hauteur ».
classis, *-is*, f. : « flotte ».
clavus, *-i*, m. : « barre ». Deux avirons placés latéralement à l'arrière du bateau tenaient lieu de gouvernail.
clivus, *-i*, m. : « pente, montée ».
collis, *-is*, m. : « coteau, colline ».
commeatus, *-us*, m. : 1) « passage » 2) « laissez-passer, permission, congé » 3) « convoi » 4) « approvisionnement, vivres ».
contus, *-i*, m. : 1) « perche (pour pousser un bateau) » 2) « gaffe ».
Corus, *-i*, m. : « le Corus » (vent de noroît).
crusta, *-ae*, f. : « enveloppe, couverture » ; *summa crusta* : « revêtement (d'une route) ».
cubiculum, *-i*, nt. : « chambre ».
currus, *-us*, m. : « char ».
cursitare : « ne pas cesser de courir ».
cursus, *-us*, m. : 1) « course » 2) « marche, allure » 3) « parcours, voyage » 4) « cours (d'un fleuve) ».
cursus publicus : « poste impériale », instituée par Auguste.
custos, *-odis*, m. : « gardien ». Sur un bateau, « vigie ».
declivis, *-is*, *-e* : « en pente » (vue d'en haut), cf. *acclivis*.
deversari : « descendre (chez qqn.) ».
deversorium, *-ii*, nt. : « lieu d'hébergement, auberge ».
diaeta, *-ae*, f. : « cabine (de bateau) ».
discedo, *-is*, *-ere*, *-cessi*, *-cessum* (*ab* + abl.) : « s'en aller, quitter ».
dorsum, *-i*, nt. : proprement, « dos ». D'où « chaussée » (à cause du profil bombé des routes romaines).
egredior, *-eris*, *-gredi*, *-gressus sum* : « sortir, partir ».
enavigare : « prendre le large ».
essedum, *-i*, nt. : « voiture » (sorte de cabriolet).

Eurus, *-i*, m. : « l'Eurus » (vent de sud-est).
eveho, *-is*, *-ere*, *-vexi*, *-vectum* : « emporter, transporter ». Au passif, « se porter ».
expono, *-is*, *-ere*, *-posui*, *-positum* : « débarquer ».
fauces, *-ium*, f. pl. : « gorge, défilé, goulet ».
fluctus, *-us*, m. : « vague, lame, flot ».
flumen, *-inis*, nt. : « cours d'eau » (cf. *fluere*) : « fleuve » ou « rivière », suivant son importance.
Fortuna, *-ae*, f. : « la Fortune », divinité du sort et du hasard.
fretum, *-i*, nt. : « bras de mer ». Par extension, « flots, mer ».
funis, *-is*, m. : « corde, câble ». Le mot désigne notamment les cordages goudronnés assurant la cohésion de la coque d'un bateau.
gradior, *-eris*, *gradi*, *gressus sum* : « marcher, s'avancer ».
gubernaculum, *-i*, nt. : « barre, gouvernail ».
gubernator, *-oris*, m. : « timonier, pilote ».
gurgustium, *-ii*, nt. : « gargote, bicoque » (dim. *gurgustiolum*).
habenae, *-arum*, f. pl. : « rênes ».
hospes, *-itis*, m. : « hôte (qui donne ou reçoit l'hospitalité) ».
hospitalis, *-is*, *-e* : « d'hôte (cf. *hospes*), hospitalier ».
hospitium, *-ii*, nt. : 1) « hospitalité » 2) « rapports entre les hôtes, liens de l'hospitalité » 3) « toît, gîte, logement ».
incessus, *-us*, m. : « marche ».
incumbo, *-is*, *-ere*, *-cubui*, *-cubitum* : « se pencher, appuyer ». D'où *remis incumbere* : « souquer ferme ».
inferior pars (fluminis) : « l'aval ».
ingredior, *-eris*, *-gredi*, *-gressus sum* : « aller dans, pénétrer dans ». *Iter ingredi* : « se mettre en route ».
insula, *-ae*, f. : « île ».
introeo, *-is*, *-ire*, *-ii* (*-ivi*), *-itum* : « entrer ».
iter, *itineris*, nt. : « trajet, chemin, route ».
itus, *-us*, m. : 1) « départ » (cf. *reditus*) 2) « marche ».
jactura, *-ae*, f. : « sacrifice de la cargaison » (lors d'une tempête).
jugales, *-ium*, m. pl. : « attelage ».
jugum, *-i*, nt. : « crête, chaîne montagneuse ».

jumentum, *-i*, nt. : « bête (de somme ou de trait) ».
lectica, *-ae*, f. : « litière ».
legere (+ nom de lieu) : « suivre, parcourir ».
limes, *-itis*, m. : 1) « sentier, chemin » 2) « limite, frontière » 3) « bas-côté (d'une route) ».
linteum, *-i*, nt. : « toile de lin, toile, voile ».
lithostrotum, *-i*, nt : « pavage (d'une route) ».
litoreus, *-a*, *-um* : « de la côte, du rivage ».
litus, *-oris*, nt. : « rivage, côte ».
malus, *-i*, m. : « mât ».
mare clausum : « fermeture de la mer » (interruption officielle du trafic maritime pendant la saison d'hiver).
margo, *-inis*, m. : « bas-côté (d'une route) ».
migrare : « changer de séjour, s'en aller, déménager ».
moderamen, *-inis*, nt. : « gouvernail, conduite ».
mutatio, *-onis*, f. : « relais de poste » (cf. *cursus publicus*).
naufragium, *-ii*, nt. : « naufrage ».
naulum, *-i*, nt. : « prix d'une traversée, frais de transport par mer ».
nauta, *-ae*, m. : « matelot, marin ».
nautici, *-orum*, m. pl. : « les marins, l'équipage ».
navicularius, *-ii*, m. : « armateur ».
navigare : « prendre le bateau, naviguer, voguer sur (+ acc.) ».
navigium, *-ii*, nt. : « embarcation ».
navis, *-is*, f. : « bateau, navire ». Terme utilisé à la fois pour les navires de guerre (*naves longae*), pour les bateaux de commerce (*naves onerariae*), et pour toutes sortes d'embarcations (*navigia*).
navita, *-ae*, m. : « marin » (doublet poétique de *nauta*).
Neptunus, *-i*, m. : « Neptune », ancien dieu italique de l'eau, ultérieurement identifié à Poséidon, le dieu grec de la mer.
Notus, *-i*, m. : « le Notus » (vent de sud, contraire aux bateaux qui revenaient d'Asie).
nucleus, *-i*, m. : « noyau » (seconde couche d'une voie romaine, entre l'assise et le rembourrage).
nundinae, *-arum*, f. pl. : « jour de marché, marché ».

obvius, -a, *-um* : 1) « qui va au-devant » 2) « qui va à l'encontre, qui s'oppose ».

Oceanus, *-i*, m. : « l'Océan ».

os, *oris*, nt. : « bouche, visage ». Pour un cours d'eau, « estuaire, embouchure ».

paeninsula, *-ae*, f. : « presqu'île, péninsule ».

pelagus, *-i*, nt. : « haute mer ».

peregrina mors : « mort en terre étrangère ».

peregrinari : « voyager à l'étranger, séjourner à l'étranger ».

peregrinatio, *-onis*, f. : « voyage à l'étranger, voyage au loin ».

pervenio, *-is*, *-ire*, *-veni*, *-ventum* : « arriver ».

pervius, *-a*, *-um* : « que l'on peut traverser, praticable » (cf. *avius*).

planum, *-i*, nt. : « terrain plat, plaine, plateau ».

pons, *pontis*, m. : « pont, passerelle ».

pontus, *-i*, m. : « mer ». Emprunté au grec, ce terme présente la mer comme un lieu de passage (cf. *pons*).

Portunus (*Portumnus*), *-i*, m. : « Portu(m)nus », dieu des ports.

portus, *-us*, m. : « port ».

praeceps, *-cipitis*, nt. : « précipice, abîme ».

praevius, *-a*, *-um* : « qui marche devant, qui guide ».

procedo, *-is*, *-ere*, *-cessi*, *-cessum* : « avancer ». Avec un accusatif d'étendue : « parcourir (telle distance), faire (telle distance) ».

profectio, *-onis*, f. : « départ ».

proficiscor, *-eris*, *-i*, *profectus sum* : « se mettre en route, s'en aller ».

profundum, *-i*, nt. : « profondeurs, abîme ».

progredior, *-eris*, *-gredi*, *-gressus sum* : « avancer ».

pronus, *-a*, *-um* : « en pente »

prora, *-ae*, f. : « proue ».

puppis, *-is*, f. (acc. *puppim*) : « poupe ».

raeda, *-ae*, f. : « chariot (à quatre roues) ».

ratis, *-is*, f. : proprement, « radeau ». En poésie, « esquif, bateau ».

reditus, *-us*, m. : « retour » (cf. *itus*).

redux, *-ducis*, adj. : « qui fait revenir » (attribut de Neptune).

rego, *-is*, *-ere*, *rexi*, *rectum* : « conduire, diriger ».

remex, *remigis*, m. : « rameur ».
remigare : « ramer ».
remigium, *-ii*, nt. : « rangée de rames, rames ».
remus, *-i*, m. : « rame, aviron ».
ripa, *-ae*, f. : « rive, rivage, côte ».
rivus, *-i*, m. : « ruisseau ».
rudens, *-ntis*, m. : « cordage ».
rudus, *-eris*, nt. : « rembourrage » (troisième couche d'une voie romaine, sur laquelle on posait le revêtement).
rupes, *-is*, f. : « paroi rocheuse, défilé, précipice ».
sal, *salis*, m. : « sel ». Par synecdoque, « mer ».
sarcina, *-ae*, f. : « bagage, paquetage ».
sarcinula, *-ae*, f. : « balluchon ».
scopulus, *-i*, m. : « roc, écueil ».
semita, *-ae*, f. : « sentier, passage ».
sinus, *-us*, m. : « golfe, anse, baie ».
solvo, *-is*, *-ere*, *solvi*, *solutum* (*ancoram*, *navem*) : « lever l'ancre, appareiller ».
stabulum, *-i*, nt. : « gîte ».
stadium, *-ii*, nt. : « stade » (huitième partie du mille, soit environ 185 m.).
statio, *-onis*, f. : « poste militaire » (pour la surveillance du réseau routier).
statumen, *-inis*, nt : « assise (d'une route) ».
terminus, *-i*, m. : « borne, limite ».
torrens, *-ntis*, nt. : « torrent ».
traduco, *-is*, *-ere*, *-duxi*, *-ductum* : « faire passer, faire traverser ».
trajicio, *-is*, *-ere*, *-jeci*, *-jectum* : « traverser, effectuer une traversée ».
trames, *-itis*, m. : « voie, chemin, chenal ».
transeo, *-is*, *-ire*, *-ii* (*-ivi*), *-itum* : « traverser (un fleuve, une mer, une montagne, une ville) ».
unda, *-ae*, f. : 1) « onde, vague, flot » (eau agitée) 2) « eau » (en général).
vado, *-is*, *-ere* : « marcher, aller ».

vadum, *-i*, nt. : « bas-fond », et donc « gué » ou « passe dangereuse », suivant les circonstances.
vallis (*valles*), *-is*, f. : « vallée ».
vehiculum, *-i*, nt. : « moyen de transport, véhicule » (cf. *veho*).
veho, *-is*, *-ere*, *vexi*, *vectum* : « porter, transporter ».
vertex, *-icis*, m. : « sommet ».
via, *-ae*, f. : « voie, route, trajet ».
viaticum, *-i*, nt. : « provisions, argent pour le voyage ».
viator, *-oris*, m. : « voyageur ».

LES VOIES DE COMMUNICATION DE L'ITALIE ROMAINE

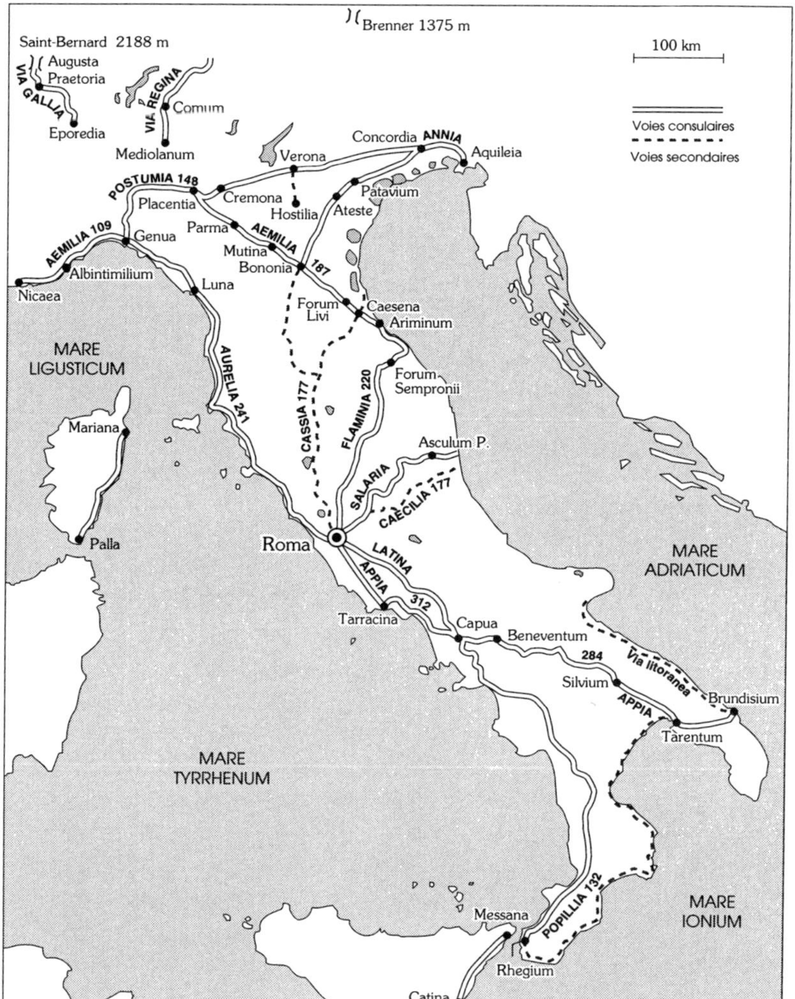

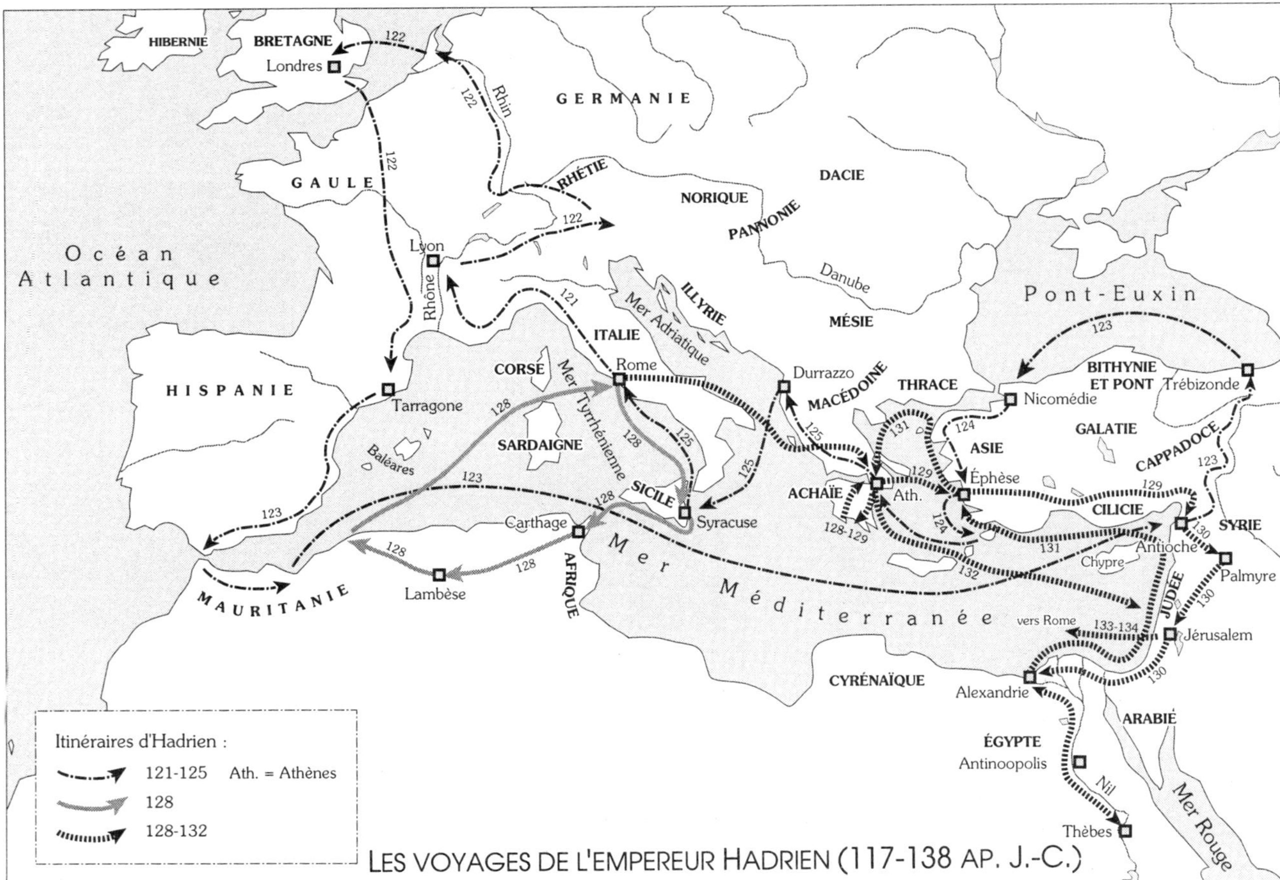

LES VOYAGES DE L'EMPEREUR HADRIEN (117-138 AP. J.-C.)

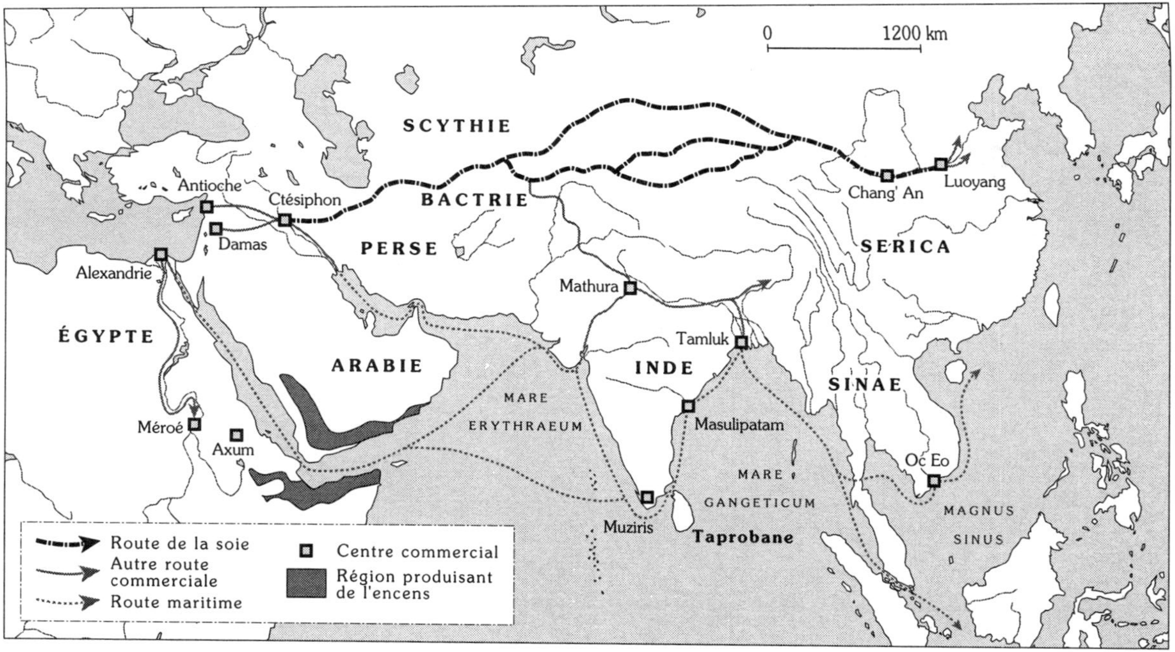

LE COMMERCE ROMAIN EN ORIENT

Achevé d'imprimer en mars 2000
dans les ateliers de Normandie Roto Impression s.a.
61250 Lonrai

N° d'imprimeur : 000587
Dépôt légal : mars 2000
Imprimé en France